Cuando las almas despiertan

Narraciones reales de regresiones a vidas pasadas y a la vida entre vidas

Cuando las almas despiertan

Narraciones reales de regresiones a vidas pasadas y a la vida entre vidas

Pieter Elsen

Copyright © 2020 Pieter Elsen
TODOS LOS DERECHOS ESTAN RESERVADOS

****

Título en Español: **Cuándo las almas Despiertan - Narraciones reales de regresiones a vidas pasadas y a la vida entre vidas**

Título original en Inglés: **When Souls Awaken – Real-Life Accounts of Past-Life and Life-Between-Lives Regressions**

Traducido al español por Robert Delgado

ISBN 13: 978-1-7352856-2-7

Library of Congress Control Number: 2020920272

****

PARA MAYOR INFORMACIÓN

Si desea saber más detalladamente sobre las enseñanzas en este libro, por favor, escriba a elsenhypnotherapy@gmail.com

Por información sobre nuestros Libros, Audio y Video, visite:
www.elsenhypnotherapy.com
www.whensoulsawaken.com

****

Impreso en USA

ÍNDICE

Reconocimientos		7
Prefacio		9
Introducción		11
PRIMERA PARTE		15
1	Porqué ayuda recordar	19
2	Conociendo la naturaleza del alma	35
3	Buscando integración	51
4	Los caminos de la consciencia superior	
5	Despertar	81
6	Vivir libre	97
	SEGUNDA PARTE	111
7	Viviendo la vida iluminada	115
8	El propósito más elevado del dolor y la pérdida	135
9	No estás demente	153
10	Cambiando el paradigma	167
11	Liberación	187
	TERCERA PARTE	207
12	El cuarto estado	211
13	Más allá de las olas mentales	223
14	Comprendiendo la naturaleza de la dualidad	243
15	La sabiduría de los despiertos	259
16	Reconectando nuestro propósito divino	289
	CONCLUSIÓN	311
17	Escalando la montaña	313
	Acerca del autor	329

Reconocimientos

Este libro no habría existido sin el continuo apoyo de mi muy querida esposa y mejor amiga, Jenna. Su aliento, inspiración, y su personalidad divina son la luz de mi vida.

Quiero también agradecer a mi amigo Cayenne Graves por corregir y editar este libro. No habría podido encontrar alguien mejor que tú para esta obra.

Finalmente, aunque no menos importante, me siento bendito en rendirle homenaje a la fuente de mi inspiración; el doctor Michael Newton, cuyas obras: 'El Viaje de las Almas' y 'El Destino de las Almas', no sólo me inspiraron a mí, sino a millones, a sumergirnos más profundamente en los misterios de nuestras almas, viajando por muchas vidas, para descubrir la verdadera naturaleza de nuestro Ser, revelándose en el interior.

Prefacio

Éste es un libro sobre la naturaleza del alma. Voy a presentar casos de la vida real de clientes que entraron en estados de consciencia superior durante Regresiones a Vidas Pasadas y a la Vida entre las Vidas. Las increíbles narraciones de sus viajes a través de innumerables vidas, y sus observaciones, mientras estaban más allá del cuerpo en un estado superconsciente, son demasiado asombrosas para no compartirlas.

Me gano la vida realizando este trabajo. Viajo por el país para ver gente interesadas en sus vidas pasadas y, particularmente, en el estado entre las vidas. Tal vez no estén muy familiarizados con este concepto, pero las técnicas de regresión a la vida entre las vidas, fueron comenzadas por el doctor Michael Newton. Su obra cambió mi vida.

En sus libros 'El Viaje de las Almas' y 'El Destino de las Almas', el doctor Michael Newton presenta sus descubrimientos y comparte cientos de casos de regresiones a la vida entre las vidas que él condujo con sus clientes.

Éste libro intenta comenzar donde él dejó. Aquí presento algunas de las explicaciones y realizaciones espirituales experimentadas por una nueva generación de almas despiertas. Los tiempos han cambiado. Hoy hay más conocimiento disponible que hace 30 o 40 años cuando el doctor Newton escribió por primera vez sus libros. La gente ha cambiado y evolucionado a un ritmo increíble. El inconsciente colectivo ha adaptado ideas provenientes de la filosofía oriental y varias tradiciones espirituales y, especialmente en los Estados Unidos, esto ha contribuido a una nueva forma de pensamiento entre mucha gente.

Espero que esta obra pueda ser una contribución aceptable para la comunidad espiritual de buscadores sinceros, quienes están listos para recibir en sus vidas los más elevados estados de despertar espiritual.

Introducción

Hay muchos libros hoy en día que tratan sobre el concepto de la reencarnación. "Muchas Vidas, Muchos Maestros" de Brian Weiss y "El Viaje (y El Destino) de las Almas" de Michael Newton son dos de los ejemplos más famosos. Estos grandes terapeutas innovadores fueron pioneros que nos ayudaron a familiarizarnos con las ideas del renacimiento y la vida después de la muerte. Ideas que necesitaban tiempo para ser aceptadas en una cultura predominantemente Judeo-Cristiana.

Por ende, al principio, estos terapeutas dudaban en compartir sus descubrimientos. Michael Newton, por ejemplo, esperó décadas para presentar su obra. No sólo estaban preocupados por su propia reputación en el mundo académico, sino que fueron también cautelosos para no ofender los sentimientos religiosos establecidos.

La carga del ámbito académico puede ser una carga pesada de llevar. El interés por nuestra reputación puede hacernos detener nuestro avance. Esto es igualmente cierto cuando nosotros como sociedad tratamos de ajustar los sentimientos a los que nos aferramos respecto a la vida y a la muerte. Brian Weiss, Michael Newton y muchos otros de esa era, fueron sujetos a la presión de los sentimientos académicos y religiosos. Considerando sus culturas y puntos de vistas, publicar sus descubrimientos requirió una buena cantidad de coraje. Afortunadamente, sus trabajos fueron recibidos positivamente.

En realidad no es tan sorprendente. Cuando aceptamos la idea del alma y la reencarnación, respondemos a la realidad de nuestra verdadera identidad. Encuentra resonancia en nuestro interior. Hay un reconocimiento de la verdad de nuestro propio Ser, sepultado bajo siglos de olvido y esfuerzos.

Ahora vivimos en un mundo diferente. Los pioneros en este campo sintieron que debían argumentar en favor de la reencarnación. Académicos como Raymond Moody y el doctor Ian Stephenson dedicaron décadas de sus vidas tratando de presentar evidencia de la vida después de la muerte y de la reencarnación. Les estamos agradecidos.

Libres de la resistencia social y la necesidad de convencer, hoy vivimos tiempos diferentes. Millones de inmigrantes llevaron consigo sus sistemas de creencia Oriental. La televisión e Internet nos han expuesto a un conocimiento que nuestros antepasados jamás soñaron. Ahora vivimos en un mundo donde el Yoga se ha vuelto algo cotidiano y donde ideas como las del Gurú y el Karma son realidades vivas.

Así que éste no va a ser un libro que intente convencerlos de la verdad de la reencarnación. Ya pasamos eso. Si alguien no lo cree está bien. Este libro es para aquellos que sienten la necesidad de profundizar en la comprensión de la naturaleza del alma, porqué reencarnamos y el propósito de todo cuanto se relaciona a ello. Mientras comparta con ustedes los casos de clientes y sus extraordinarios viajes a través de muchas vidas, la sabiduría y sensibilidad de sus almas los dejará impactados. Hay tanto para aprender de sus viajes por el tiempo y sus contactos con una consciencia superior en sus periodos entre vidas.

Yo, por ejemplo, recuerdo algunas de mis vidas pasadas. De niño tenía sueños vívidos de mi vida como soldado durante la Revolución Francesa, y de mi vida en India como aspirante espiritual. Recuerdo conscientemente el período anterior a éste nacimiento actual, donde estaba de pie, acompañado de mi guía, mirando hacia abajo, hacia la vida, deseoso de recomenzarla nuevamente.

Así que para mí, personalmente, el renacimiento es una realidad. Desde la niñez traté de encontrar el sentido de esta realidad y, cómo conocer eso, afectaba cada decisión que tomé. Tuve la suerte de tener padres que apoyaban esta forma de pensar, dejándome libre para filosofar y experimentar. No es de extrañar entonces que a la edad de veintitrés, luego de terminar la universidad, ingresé a una orden religiosa cerca de Paris para volverme monje en una tradición Oriental.

Pasé los próximos veintiún años viviendo la vida monástica. Once de los cuales transcurrieron en India, donde visité los lugares de mi último nacimiento. Cuando décadas después encontré repentinamente los libros del doctor Michael Newton, comprendí que éste era el trabajo que estaba destinado a hacer. Fue en ese entonces que encontré a mi alma gemela, Jenna, con quien he vivido muchas vidas antes. Juntos comenzamos un viaje del alma que nos condujo hoy aquí, a compartir con ustedes mis descubrimientos sobre la vida, la muerte y nuestra verdadera identidad como almas.

Como profesional experto en regresiones, veo clientes diariamente que vienen a mí por sesiones de regresión a vidas pasadas y a vidas entre vidas. He conducido cientos de sesiones con gente de toda clase. Siento que es profundamente importante que comparta con ustedes lo que aprendí de todas estas almas asombrosas. Con su permiso, y para proteger la identidad de mis clientes, he cambiado sus nombres. Sus narraciones en estos capítulos son transcripciones literales palabra por palabra de las sesiones. Voy a compartir con ustedes el testimonio real de clientes, sobre sus vidas en diferentes cuerpos y sus experiencias como almas más allá del cuerpo. También compartiré con ustedes mis pensamientos sobre estos casos e incluso me explayaré respecto a la naturaleza de nuestra alma.

Debido a lo inusual de mi historia personal, estuve en presencia de algunas almas despiertas verdaderamente destacables. A lo largo de este libro compartiré con ustedes algunos de estos encuentros.

Que esto los inspire, que los despierte, y que pueda hacerlos amar su verdadero Ser todavía más.

Pieter

Primera Parte

Percepciones Para el Autoconocimiento Mediante la Comprensión de Nuestro Pasado

Este libro se divide en tres secciones diferentes.

La Primera Parte de este libro se enfoca en la relación entre la Regresión a Vidas Pasadas y la Regresión a la Vida Entre las Vidas, y en como esta combinación terapéutica es extremadamente efectiva para ayudarnos a comprender nuestro propósito aquí en la tierra y más allá.

La Primera Parte es también una introducción al concepto de la consciencia, y qué significa para nuestra consciencia 'normal' en nuestra vida diaria el entrar en estados de consciencia elevados.

***La Segunda Parte** está dedicada a la comprensión de tres pilares fundamentales de nuestras vidas. A través de las narraciones de aquellos que entraron a los estados de la vida entre vidas, aprendemos cómo vivir mejor una vida balanceada. Una que no solamente nos ayuda a adquirir la mayor cantidad de dicha aquí y ahora, sino una que también está en sintonía con nuestro propósito divino en general.*

***La Tercera Parte** está compuesta de las narraciones de aquellos que han despertado a sus propósitos superiores. Ellos describen cómo es la experiencia de estados superiores de consciencia y comparten con nosotros sus vivencias del despertar espiritual. Sus experiencias son una fuente de inspiración y pintan una imagen de lo que nos espera a todos cuando despertemos a nuestro verdadero Ser.*

Capítulo 1
Porqué Ayuda Recordar

Me gustaría comenzar presentándoles un caso extremadamente interesante. Marie es una joven y exitosa mujer de negocios de 27 años de edad. En su cuestionario previo a la sesión, mencionó su lucha por encajar en la sociedad, con la aparente necesidad de socializar, casarse y tener hijos. Tenía serias dudas sobre sí misma y su capacidad de hacer lo que siente que la sociedad demanda de ella, expresando su conflicto entre cómo se sentía realmente y qué esperaba de ella la vida a su alrededor.

Este primer caso que comparto es importante por varias

razones. Lo primero y principal, es que es un hermoso ejemplo de alguien que necesitaba recordar su pasado. Marie, en su estado de consciencia diario normal, no recordaba su pasado. Ella, por supuesto, aceptaba la idea de la reencarnación, pero no era una realidad viva para ella. Recordar su pasado, experimentarlo personalmente, le permitió encontrar mayor sentido a sus luchas y a las tendencias con las que vivía en el presente, ayudándola a generar un nuevo plan para el futuro.

A medida que viajamos hacia atrás en el tiempo, la escena aparece en algún desierto remoto, mucho tiempo atrás.

P: ¿Puedes describir lo que ves a tu alrededor?

Marie: *(en una voz suave)* Estoy en el desierto. Es tranquilo aquí.

P: ¿Es de día o de noche?

Marie: De noche.

P: ¿Eres un hombre o una mujer?

Marie: Una mujer.

P: ¿Qué es lo primero que notas?

Marie: Es tan tranquilo. Estoy mirando a las estrellas.

P: ¿Vives aquí?

Marie: Sí.

P: Dime algo más.

Marie: Me gusta la soledad. Vine aquí para estar sola.

P: ¿Por qué quieres estar sola?

Marie: Me gusta contemplar, pensar, meditar. Necesitas

estar sólo para eso.

P: ¿Qué te hace sentir eso?

Marie: Es difícil describir la paz y alegría que experimento *(con tono emocional).*

Cuando la hago avanzar en el tiempo, repentinamente nos encontramos en otra vida, como madre de dos niños en una casa suburbana. Durante una regresión, es inusual saltar hacia adelante, hacia otra vida, especialmente cuando el cliente retiene simultáneamente la consciencia de la previa vida que acabábamos de visitar. Mi primer tarea es verificar si el paciente perdió o no la profundidad hipnótica y está comenzando a mezclar recuerdos conscientes con memorias de otra vida. Pero pronto confirmo que este no es el caso.

P: ¿Describe lo que te está pasando ahora?

Marie: Estoy en casa.

P: ¿Puedes describirme el lugar?

Marie: Es en una zona suburbana. Bastante moderna. No me gusta aquí.

P: ¿Qué es lo que no te gusta?

Marie: *(sollozando)* No es como el desierto. Las ligaduras, los niños.

P: ¿Describe mejor cómo te sientes?

Marie: Recuerdo mi vida en el desierto. La libertad, las meditaciones. Aquí no puedo hacerlo. Perdí mi paz. Perdí mi conexión. Es horrible. Odio esta vida.

P: ¿Por qué estás aquí ahora? ¿Por qué recuerdas esto?

Capítulo 1: Porqué Ayuda Recordar

Marie: Necesito verlo. Las consecuencias de mis acciones. Y lo que me ocurre cuando me envuelvo demasiado en el mundo. Te atrapa. Te devora.

Ella continúa describiendo su vida en lo que parece ser una vida anterior a la presente vida como Marie. Pronto le pido que regrese a su vida en el desierto, pero esta vez a un momento posterior en el tiempo, a otro momento relevante de su vida como ermitaña del desierto.

P: ¿Qué está pasando en este momento?

Marie: Ya no estoy sola.

P: ¿Quién está contigo?

Marie: Otros vinieron para aquí también.

P: ¿Cuándo dices otros, quieres decir familia, amigos?

Marie: No, gente nomás.

P: ¿Qué están haciendo aquí?

Marie: Les gusta vivir como yo.

P: ¿Cuál es tu relación con ellos?

Marie: No tengo mucha relación con ellos. Me dejan tranquila.

P: ¿Cómo te sentís al respecto?

Marie: Está bien.

P: ¿Te molesta que estén aquí ahora?

Marie: La verdad que no. Para ser honesta, no me interesa su compañía.

P: ¿No?

Marie: La verdad que no.

Avanzamos en el tiempo hasta que ella es considerablemente mayor, y su historia continúa:

P: ¿Puedes decirme lo que está pasando ahora?

Marie: Tengo hambre.

P: ¿No hay suficiente para comer?

Marie: No. No tenemos recursos suficientes.

P: ¿Es porque estás en el desierto?

Marie: No, el desierto siempre pudo proveer. Hay demasiada gente ahora. Estamos pensando mudarnos.

P: ¿A quiénes te refieres?

Marie: Los ancianos.

P: ¿Eres uno de los ancianos?

Marie: Sí. Pero no me meto mucho. No quiero irme.

P: ¿Por qué no?

Marie: Me gusta aquí. Yo sólo quiero ayudar.

P: Cuéntame más de eso.

Marie: Trato de ayudar a los que necesitan. Les doy comida. Al hambriento, al que necesita.

P: ¿Qué te hace hacerlo?

Marie: Ahora me gusta la gente. Necesito ayudar.

P: ¿Y qué hay de querer estar a solas?

Marie: Sí, todavía me gusta estar sola. Pero aprendí.

P: ¿Qué aprendiste?

Marie: A compartir, a estar con otros.

P: ¿Entonces ya no hay más contemplaciones solitarias?

Marie: No, jamás dije eso. Es un sendero medio. No hay que enredarse mucho. Hay que estar al margen de la comunidad, pero siendo parte. Estar conectada.

P: ¿Y eso porqué te importa?

Marie: *(lagrimas corren por sus mejillas)* Es importante amar, dar, compartir. Pero también necesitas pasar tiempo a solas. Tiempo para estar con el desierto, con las estrellas. Hay que estar conectado con eso también.

A medida que avanzamos hacia su muerte y sus reflexiones sobre la vida que acababa de vivir, describe cómo murió de hambre por la falta de recursos.

P: ¿Qué piensas de la vida que acabas de vivir?

Marie: Fue muy buena. Fui feliz.

P: ¿Qué sientes respecto a tu muerte?

Marie: No me preocupa. Fui feliz de dar mi vida para que al menos un alma pudiera vivir.

P: Eso es bastante diferente a aquella mujer que vino sola al desierto.

Marie: En realidad no. Me gusta estar sola. Necesito estar sola. Pero aprendí a dar. A interesarme por los demás, a conectarme. Eso también es importante. Importante para mi alma.

P: ¿Cuál es la lección más importante que aprendiste?

Marie: Que tenemos que conseguir el equilibrio. Que no hay necesidad de abandonar la soledad. De hecho, para mí, es lo que más necesito y lo que más quiero. Está bien estar solo. Está bien vivir y elegir una vida que te permita estar solo. Pero para alimentar al corazón también es necesario conectarse con otros y dar. Pero ninguna de esas cosas necesita ser a costa de la otra.

De ahí nos fuimos al estado de la vida entre vidas. En ese estado pudimos hablar con objetividad y comprensión de todas las vidas que había vivido.

La regresión a vidas pasadas provee contexto. Un lugar donde podemos descubrir el origen de ciertas tendencias que aún llevamos con nosotros hoy. Uno tiende a pensar que nuestro pasado fue algo donde vivimos una clase de existencia mucho más primitiva. En cierto sentido es cierto, especialmente tecnológicamente. Pero en lo que concierne a las experiencias internas del alma no es siempre el caso. A menudo las almas ya habían desarrollado ciertas cualidades que en esta vida están sepultadas o latentes.

En esta vida surgen conflictos cuando en la profundidad del interior el alma anhela, o subconscientemente recuerda, la vida que vivió, pero en la presente no puede recrear las circunstancias que permitieron que esas cualidades brillasen. Una regresión a vidas pasadas puede ayudar a exponer esas cualidades recordándole al alma que ya las había desarrollado.

El estado de vida entre las vidas lleva esta comprensión a un nivel totalmente nuevo, donde la comparación entre la vida actual y la pasada puede comenzar. Aquí también podemos contactarnos con las intenciones que el alma había decidido antes de nacer.

Capítulo 1: Porqué Ayuda Recordar

P: ¿Este es un buen momento para hablar de tu vida de ermitaña y de tu vida actual?

Marie: Sí, me siento bien ahora.

P: Cuando comparas tu vida de ermitaña con esta vida como Marie, ¿en qué piensas?

Marie: Estaba más conectada cuando era ermitaña.

P: ¿Conectada cómo?

Marie: Bueno, conocía mi propósito y qué me hacía feliz. Mi forma de ser era más clara y fuerte.

P: ¿Y hoy como Marie eso no es así?

Marie: La vida es diferente ahora. La sociedad es diferente. Las demandas son otras.

P: Ayúdame a comprender.

Marie: Es como si no estuviese bien querer estar sola. Yo quiero estar sola.

P: ¿Quién dice que no puedes estar sola?

Marie: Bueno, como Marie pienso que no está bien estar sola.

Aquí es donde el aspecto transformador de la experiencia de vida entre las vidas se manifiesta. Ahora no está identificada ni con Marie *(su vida actual)* ni con su vida de ermitaña. Abandonó todas y cada una de las identificaciones con su condicionamiento como Marie. Condicionamiento que encarnando en un cuerpo se proyecta sobre el alma.

Una vez que el alma deja eso momentáneamente, deja los condicionamientos de familia, medio ambiente, cuerpo y el subconsciente colectivo, gana una increíble claridad.

P: ¿Dime más?

Marie: Ahora veo que como Marie debería tener más confianza en expresar mi necesidad de estar sola. Que no es algo raro. Que como Marie necesito diseñar y organizar mi vida de modo que pueda pasar más tiempo a solas.

P: ¿Y ella no hace eso ahora? *(estoy usando el pronombre 'ella' para ayudarla aún más a objetivar sus observaciones e inmediatamente se distancia más de Marie).*

Marie: Le cuesta. Está demasiado envuelta en el mundo y demasiado preocupada por su aprobación.

P: Explícame mejor.

Marie: En vez de comprender que está bien no querer tener una nidada de hijos y enredarse en ese tipo de vida, necesita recordar que es posible vivir la vida de modo tal que pueda tener a ambos. La conexión humana y tiempo para estar a solas.

P: ¿Es por eso que tuvimos una breve vislumbre de esa vida como esposa?

Marie: Sí, ella necesita recordar las ataduras. O mejor dicho, que para alguien como yo que necesita tiempo a solas, esa clase de vida no sirve.

P: OK. Por favor, resume todo eso para mí.

Marie: ¿Resumir qué?

P: Tu observación como un alma, respecto a Marie y la vida de ermitaña.

Capítulo 1: Porqué Ayuda Recordar

Marie: Como alma necesito equilibrio. Como ermitaña ya había alcanzado un buen equilibrio. En la vida como Marie necesito integrar este balance aún más. Llevarlo a un nivel mayor.

P: ¿A qué te refieres con 'llevarlo a un nivel mayor'?

Marie: No se trata simplemente de repetir lo que ya hice. Tomé este nacimiento como Marie para continuar mi desarrollo.

P: ¿Y de qué se trata ese desarrollo?

Marie: Tiene que ver con mi propósito general. Como alma, necesito alcanzar la libertad. Marie necesita tornarse consciente de ese hecho. No permitir que las condiciones de su vida le hagan olvidar lo que contempló como ermitaña. Vivir en el mundo pero no volverse el mundo.

P: ¿Cómo puede lograr eso?

Marie: Hoy es un comienzo. Un recordatorio.

P: Me alegra oír eso.

Marie: Necesita meditar más. También necesita darse cuenta de que está bien tener una relación siempre y cuando esa relación le permita esa libertad. No debe atarla.

P: ¿No es eso paradójico?

Marie: No si se vive conscientemente. Ella necesita encontrar un compañero en la vida que comprenda su propósito. Y que tenga su propósito alineado al de ella. Y ese propósito, para Marie, es el logro de una consciencia superior y alcanzar la libertad interior. Sería una situación paradójica sólo si ella entrase en una relación al azar y esperase que un sujeto común lograse comprender esto. En ese caso es mejor estar sola en el desierto.

P: Comprendo, ja ja.

Marie: Sí. Marie necesita comprender que es mejor estar sola y feliz que dejarse ser indoctrinada por los gustos y la cultura de la sociedad que la rodea.

P: ¿Quieres decir que necesita ser fuerte, consciente y paciente?

Marie: Exacto. Puede esperar hasta que llegue la persona correcta. Puede tenerlos a ambos. Vivir una vida iluminada en libertad y tener una conexión íntima con un compañero o incluso con la gente a su alrededor.

Es algo común que a medida que avanza la sesión el alma se torne progresivamente acreditada. Comienza a ganar tremenda claridad. Se torna más y más consciente de su propósito superior y de la identidad de su alma, y quiere comunicárselo con claridad a su Ser encarnado.

P: ¿Qué hay de esa gente que la rodea?

Marie: Ella ha estado luchando con eso. Su trabajo demanda que esté con gente. No está cómoda con eso.

P: ¿Qué le aconsejas?

Marie: Lo mismo. Que transite el sendero medio. No necesita tenerle miedo a estar con gente.

P: ¿Miedo?

Marie: Sí, ha sentido miedo sólo porque no encontró su equilibrio interior. Una vez que acepte que está bien estar sola perderá ese miedo.

Capítulo 1: Porqué Ayuda Recordar

P: ¿Explícame un poco más?

Marie: El tiempo que pase a solas le permitirá centrarse. Es lo que necesita. Va a dejar de disculparse al respecto o de reprimir esa necesidad. Cuando lo abrace y lo haga parte de su vida ganará tremendo balance y fuerza.

P: ¿Y eso le va a permitir controlar su miedo de mezclarse con los demás?

Marie: Sí. Una vez que uno se centra nada puede desestabilizarlo. Desde ese punto de consciencia centralizada ella puede mezclarse libremente con otros sin olvidarse a sí misma. Es cuando uno no está centrado, sin contacto con el alma y su propósito, que uno se pierde o es intimidado.

P: Entiendo. Cuando ella esté consciente de quién es y se mantenga leal a esa consciencia, la energía de los demás no podrá afectarla.

Marie: Sí. Aunque no es tanto la energía de la gente lo que la afecta. Su vacilación en mezclarse libremente con otros surge de su falta de centro. No le prestó atención a su necesidad de estar a solas, aunque lo anhela, y se siente constantemente descentrada. Mezclarse con los demás aumenta esa necesidad. Hoy se le recordó la dicha y la felicidad que le dio la vida del desierto. De ahora en más, cuando comience a escuchar a su necesidad de contemplar y acepte el hecho de que está bien tenerla, las cosas van a cambiar. Va a ganar fuerza y felicidad de esas meditaciones. Munida de esa fuerza y alegría podrá mezclarse con todos. ¿Lo entiendes ahora?

P: Sí, comprendo. Es una lección que todos podríamos aprender.

Marie: Cierto. Nos identificamos demasiado con el cuerpo y los roles temporales que desarrollamos. Olvidamos que somos un alma eterna destinada a ser libre.

P: ¿Cuál es tu último consejo para Marie?

Marie: Que medite. Así es como se mantendrá conectada con su verdadera identidad. Los problemas comienzan cuando ella se olvida de eso y se identifica con esta encarnación presente. Somos eternamente libres.

Recuerdo claramente cómo, a los 14 años de edad, giraba inquieto en mi cama de un lado al otro. Todas las noches yacía allí, pensando sobre las interrogantes de la vida y la muerte. Mi mayor preocupación era, ¿por qué estoy aquí? ¿Por qué en Holanda, en esta familia adinerada, en este país rico? ¿Por qué aquí? Eso me preocupaba. ¿Por qué es que otros no tienen estas oportunidades? ¿Por qué hay otros a los que les va mejor? Para mí, la única razón que explicaba todas esas diferencias era la idea de la reencarnación. Tenía que ser así. Yo estaba aquí, en este momento, debido al resultado de todo lo que había hecho. Mi cuerpo, mis padres, mi país, el grado de posibilidades que se me presentaban, todo, era el resultado de mi pasado y estaba designado para ayudarme en mi camino.

Incluso en esa tierna edad me hizo consciente de que tenía una responsabilidad para conmigo mismo. La responsabilidad de crear circunstancias que me permitiesen promover mi desarrollo y no atarme con acciones kármicas descuidadas que tendría que deshacer después. Podríamos decir que esta comprensión me tornó bastante cuidadoso. Me llevó largo tiempo transformar este tipo de pensamientos en verdadera libertad interior. Pero ya hablaremos de eso más adelante.

Otro descubrimiento hermoso en el caso de Marie es su consciencia de su verdadero Ser, su verdadera identidad libre y eterna, más allá del cuerpo. Su propio Ser superior está ayudando a Marie a reconectarse con esta idea y dándole el coraje y la fuerza de ver más allá de las limitaciones del mundo en el que vive.

La noción de la reencarnación está ligada a dos ideas filosóficas, la de la naturaleza eterna del alma y la idea del karma. No es posible tener reencarnación sin un alma y sin una ley kármica que gobierne estos renacimientos. Estos conceptos están enlazados.

Es cierto que será muy difícil probarlo científicamente. Pero no importa. Me recuerda a una tribu que visité en la profundidad de una selva en India. Entre los grandes árboles, en el interior de una formación rocosa, la tribu había construido un templo a la naturaleza con una piedra enorme como punto central. En su base estaba esculpido un texto que decía: "Si crees que esto es una roca, es una roca. Si crees que es Dios, es Dios".

Llega un momento en nuestras vidas en que perdemos la inclinación a discutir. En lugar de eso, buscamos en nuestra experiencia algo que pueda ayudarnos a avanzar. En vez de intentar justificar lo que ya sabemos que es cierto, incluso cuando muchos a nuestro alrededor no comparten nuestras creencias, anhelamos y buscamos una conexión con el alma. Es como si en las profundidades de nuestra mente, semejando un eco en nuestra mente subconsciente, la memoria de nuestras vidas pasadas y de la vida entre vidas como alma libre, nos empujase a despertar una vez más esta experiencia del aquí y ahora.

Por eso no me gusta discutir sobre estos temas. Podría presentarles una tesis extensa con las razones por las que ustedes deberían creer en la reencarnación, pero si algunos de ustedes cree que es una roca, seguirá siendo una roca para ustedes. Respeto el hecho de que muchos van a pensar de esa manera. Si eres como yo y siempre has estado buscando tus propias respuestas en lugar de buscar la aprobación de otros, te preguntarás; ¿esto me ayuda?

He tomado las ideas de alma, karma y renacimiento como los pilares fundamentales de mi vida. La sabiduría y la profundidad de la comprensión que emanan de las bellas almas que realizaron personalmente esta realidad son cosas importantes para compartir. Ellos descubrieron que esta experiencia los ha ayudado verdaderamente a encontrar propósito y significado, y sus comprensiones pueden ayudarnos a hacer lo mismo.

Capítulo 2
Conociendo la Naturaleza del Alma

Esta es una pregunta que muchos nos hacemos: ¿Cuál es la naturaleza del alma? ¿Cómo reencarna y dónde está cuando no ocupa un cuerpo? ¿A qué se parece? A veces, cuando un alma es particularmente expresiva, afanosa y capaz, durante una sesión de regresión a la vida entre vidas, se me brinda la oportunidad de hacer estas preguntas de parte de mis clientes.

Este cliente particular, John, es un señor de edad media, autónomo, e interesado en la naturaleza del alma. En su vida diaria es un meditador con muchas experiencias espirituales interesantes. Lo que es único en su sesión es que nos permite observar a un alma que es capaz de expresarse en términos muy lúcidos y claros, capaz de hablar desde los más elevados niveles de consciencia.

Capítulo 2: Conociendo la Naturaleza del Alma

A medida que recorremos una de sus vidas pasadas como nativo norteamericano, describe vívidamente su tránsito por el Sendero de Lágrimas y la terrible mudanza forzada que él y su gente tuvo que soportar. Sus narraciones detalladas y emotivas son desgarradoras y vemos que él está evidentemente conmovido por la pérdida de su forma de vida. Había sido un cazador pacífico que era feliz con su gente y su vida en armonía con lo espiritual. Luego de pasar por la escena de su muerte y ascender al mundo de la vida entre vidas, podemos hablar sobre la naturaleza del alma.

P: ¿Qué es este lugar?

John: No es tanto un lugar sino más bien un estado, una frecuencia.

P: ¿Puedes explicármelo?

John: No es que estoy en algún 'lugar', como una ubicación. Más bien me siento aquí mismo contigo, pero en una realidad muy superior. Como si nuestros mundos coexistiesen, pero en frecuencias diferentes.

P: ¿Entonces estás aquí ahora?

John: Sí y no. El cuerpo está aquí contigo y yo estoy consciente de ti, pero mi verdadero Ser está en otra frecuencia, en un lugar diferente. En un sentido que no es físico.

P: ¿Cómo se siente eso? ¿Puedes describírmelo?

John: Es como si mi consciencia fuese luz. No es física. Es consciencia sin la carga del cuerpo. Me siento dichoso y consciente.

P: Cuéntame más.

John: Es difícil describirlo en términos mundanos, dado que en la tierra estamos tan identificados con el cuerpo. Se nos hace difícil separar nuestra consciencia del cuerpo. Pero en este estado, aquí, ahora, no hay cuerpo ni mundo en el sentido que conocemos. Hay un conocimiento consciente rodeado de una realidad infinita en todas direcciones.

P: ¿Estás solo en ese estado?

John: De nuevo, sí y no. Sí, en sentido de que soy la luz. Soy aquella consciencia completa en sí misma. ¿Cómo podría explicarlo? No hay pasado, ni futuro, ni actividad, simplemente se es. Es pleno.

No, en el sentido de que hay muchas gotas en el océano. Soy una gota, y aun así soy el océano también.

P: Sin embargo descendiste, por así decirlo, para tomar este cuerpo de John. ¿Puedes explicarlo?

John: El cuerpo, la parte neuronal, necesita evolucionar lo suficiente para que pueda manifestar el más elevado grado de consciencia. No necesito morir para experimentarlo. Es como si el cuerpo fuese en un plano de existencia y mi verdadero Ser en otro. La meta en la tierra es experimentar esta elevada realidad mientras estamos en el cuerpo. Para que no haya separación en absoluto.

P: ¿Eso es posible?

John: Sí. Estando en el cuerpo no eres del cuerpo. Tu consciencia está más allá del cuerpo.

P: Eso es lo que describieron grandes santos como Ramakrishna, Ramana Maharshi y Yogananda.

Capítulo 2: Conociendo la Naturaleza del Alma

John: Es la última fase de la evolución humana. Hasta que no lleguemos a ese nivel tenemos que regresar una y otra vez.

P: ¿Podrías explicarme cómo puedes experimentar ese estado ahora, cuando no eres capaz de experimentarlo mientras estás identificado con tu cuerpo durante tu vida diaria normal?

John: Por eso vine a verte hoy. Fui conducido a este lugar. Tuve vislumbres de ello durante mis meditaciones, pero en el presente me resulta difícil sostener esos estados mientras estoy en el cuerpo. Tu intervención me permite desprenderme de mi identificación corpórea con mayor facilidad. Lo de hoy es sólo un recordatorio sin embargo. Tengo que aprender a hacerlo solo.

P: Dime más.

John: En este momento me siento dichoso. Siento como si yo fuese la luz, la conciencia, soy libre. Quiero quedarme aquí, o mejor dicho, quiero experimentar ésto constantemente. Esta es la verdadera naturaleza de lo que soy. No soy John. Ese es un papel que ejecuto, así como he ejecutado roles tantas veces antes en otros cuerpos y en diferentes épocas. Es increíble que este velo del olvido me cubra cuando tomo un cuerpo. Veo todo tan claramente ahora. Como John tengo dudas, vacilo, me desconecto.

P: ¿Por qué crees que sucede?

John: La mente y el ego.

P: ¿Pero dónde empieza todo? Quiero decir, ¿si ya eres perfecto por naturaleza, dónde comienza este viaje kármico de incontables vidas?

John: Es el juego de la Energía Fuente. Construye almas desde su interior y las reabsorbe cuando despiertan.

P: Eso en realidad no es una respuesta.

John: Tu pregunta es real solo desde tu perspectiva. Mientras estás encarnado sientes las ataduras y naturalmente te preguntas cómo fue que te ligaste y cómo puedes volverte libre. Pero donde estoy ahora ya soy libre y la pregunta es irrelevante.

P: ¿Qué estás sugiriendo?

John: Que el único camino de salida es experimentar este nivel de consciencia por ti mismo. Aquí eres libre. Aquí no hay nacimiento ni muerte.

P: ¿Estás sugiriendo entonces que en vez de preguntarme dónde comenzó todo esto, debería cambiar mi nivel de consciencia y de ese modo la pregunta va a desaparecer?

John: Sí, todo depende del estado de la mente, o debería decir, de la toma de consciencia.

P: Eso es lo que le digo a mis clientes todo el tiempo. Todo está en la mente. Tu realidad está determinada por el estado de tu mente.

John: Pero este estado está más allá de la mente incluso.

P: Explícamelo mejor.

John: La mente es un cúmulo de impresiones recogidas durante ésta y previas vidas. Actúa como un filtro. No puedes ver la realidad en su forma más pura mientras mires a través de este filtro.

P: ¿La mente es el filtro entonces?

John: La mente está envuelta alrededor del alma. Es el

Capítulo 2: Conociendo la Naturaleza del Alma

cuerpo astral. El color de este cuerpo astral es tu nivel de consciencia.

P: Entonces, si comprendí bien, ¿el alma no tiene color?

John: Es la luz misma, el conocimiento mismo, la dicha misma. La mente es lo que limita la completa expresión de esta luz.

P: ¿Entonces, para hablar conmigo ahora tienes que hacerlo a través de la mente hasta cierto punto?

John: Sí.

P: Si comprendo bien, ¿la mente entonces es lo que causa el renacimiento?

John: La mente inmadura e impurificada. Cuando el alma está lista la abandona.

P: ¿Puedes decirme cuál es la naturaleza de la mente?

John: La mente es el asiento del ego. Es el ego el que divide.

P: Por favor, extiéndete.

John: El ego dice 'yo', y eso no eres tú.

P: Continúa, por favor.

John: Es sólo a este nivel del alma que nos volvemos uno. Necesitamos trascender toda diferencia; ideas de raza, sexo, etc., para encontrarnos al nivel del alma. Es allí donde todos somos iguales y uno.

P: Esa es la tarea.

John: Colectivamente lo es. Individualmente podemos lograrlo más rápidamente. Nadie puede prevenir que cambies tu comprensión. Tu experiencia de la realidad cambiará en consecuencia.

P: Cierto. A medida que cambiamos nuestra mente y nuestros estados de consciencia, nuestro mundo cambiará también.

John: Así es.

A menudo me preguntan: ¿Cómo es que todos parecen tener distinto tipo de experiencias en la esfera de la vida entre vidas? ¿No hay una sola clase de mundo entonces? Es una pregunta lógica. El problema con el interrogante es la noción de que la vida en el más allá es una especie de mundo físico. Un lugar que es meramente una extensión de este mundo como lo conocemos.

¿Qué sucedería si hubiese niveles de consciencia más elevados donde no hay forma alguna en particular? ¿Cómo serían la 'comunicación' y la interacción con semejante frecuencia, y cómo podría entenderse con nosotros? ¿O cómo nos vincularíamos nosotros, viniendo de todo tipo de culturas, hablando lenguajes diferentes, naciendo en distintos países, criados de formas desiguales, con diferentes niveles de comprensión? ¿Qué 'lenguaje' hablaríamos? ¿Qué clase de imágenes usaríamos? ¿Sería suficiente un sólo lenguaje? ¿Y qué lenguaje sería? ¿El nuestro?

Estamos condicionados por nuestros padres, el medio ambiente y los genes. Nuestros comportamientos son únicos. Pensamos según la época en la que crecemos. Nuestra comprensión de las cosas está basada en ese medioambiente y esa cultura, y es particularmente nuestro. ¿Qué ocurriría si hablásemos con alguien que

Capítulo 2: Conociendo la Naturaleza del Alma

nació hace quinientos años e intentásemos explicarle cómo es nuestra vida diaria, como viajamos, como nos comunicamos y hacemos nuestro trabajo? No habría mucho terreno en común para ayudar a relacionarnos.

Entrar en la vida después de la muerte no es diferente. La comunicación con una inteligencia superior depende completamente de nuestro nivel de consciencia. Llevamos con nosotros las impresiones de nuestras vidas pasadas. Estas impresiones, memorias, si lo prefieren, permanecen con nosotros, están envueltas alrededor del alma como si fuesen una funda. La vibración de la funda es nuestro pasado. Así que cuando miramos a la realidad que nos rodea, siempre será como mirar a través de esa envoltura. Incluso en el más allá. Por lo tanto, cuando una consciencia más elevada se 'comunica' con nosotros usa las memorias de nuestro pasado para hacernos ver las cosas y ayudarnos a comprender. Respira a través nuestro. Ilumina lo que ya existe en nuestro interior. No puede ser de otra manera. No podríamos entender lo que está más allá.

Nadie, por lo tanto, ve la realidad como realmente es. Depende del grado de pureza, de transparencia que haya logrado un alma mientras estaba en la tierra. Pureza o transparencia mientras estamos en la tierra, es un estado donde las impresiones subconscientes han sido grandemente reducidas. Las impresiones del pasado han sido procesadas e incluso quemadas totalmente. Es un estado de ser similar al de un niño, casi divino. Donde un hombre mira a una mujer con deseo, otro ve la manifestación de la consciencia divina.

Las impresiones subconscientes latentes determinan que

imagen veremos. Es como usar lentes sucios. Así que mientras estamos en la tierra la tarea entre manos consiste en limpiar los lentes de nuestras mentes. Alguien con una formación mental predominantemente estadounidense, traducirá su experiencia en el más allá de acuerdo a ella. Un chino lo hará según las tradiciones chinas. Él o ella verán esa realidad en términos de conceptos y símbolos estadounidenses o chinos. Es lo que Carl Jung describía como el condicionamiento proveniente del inconsciente colectivo. Él describía la naturaleza del inconsciente colectivo como un velo que es colocado sobre un grupo y que los hace pensar sobre ciertas cosas del mismo modo. Religión, política, dinero, cultura, piensan sobre del mismo modo sobre todo eso porque sólo han sido expuestos a esas cosas dentro de las estrechos límites de ese grupo.

Pero si un alma ha sido capaz de deshacerse de los estrechos confines de ese tipo de condicionamiento experimentará un tipo de realidad muy diferente. Esto es cierto tanto en la tierra como en el más allá. Una persona cuyo velo de condicionamiento está completamente purificado siente una unión completa con el océano de la consciencia que existe eternamente.

La realidad experimentada por los iluminados es muy similar a la naturaleza de la realidad en la física cuántica. Según la física cuántica, no hay ni objeto ni ubicación. La naturaleza de la realidad según esta ciencia es un campo infinito de energía elemental. Similarmente, para el iluminado, la realidad es un océano infinito de consciencia. El alma es una gota en ese océano. Los

Capítulo 2: Conociendo la Naturaleza del Alma

desechos subconscientes, las impurezas, son lo que separan las consciencias individuales de la consciencia del océano.

La naturaleza de ese océano infinito, según muchas tradiciones espirituales y muchos santos que lo experimentaron, es luz, amor y dicha. Es infinitud, es unión. El verdadero significado de yoga es unión. Unión entre las almas individuales y este océano de consciencia. Yoga, tal como es practicada hoy en muchos centros de yoga occidentales es una preparación excelente para los estados de yoga más elevados. La interpretación física de yoga ayuda al sistema nervioso a volverse calmo y puro. Pero necesita ser llevado a otro nivel. El cuerpo es el templo del alma. A través de las distintas asanas, posturas, ayudamos al cuerpo y al sistema nervioso a relajarse. Esto ayuda a la mente a relajarse. El próximo estado en yoga es ocuparse de la vibración mental. Las olas mentales necesitan calmarse o incluso eliminarse por entero. La naturaleza de estas olas está constituida por las impresiones acumuladas en la mente.

Todo lo que hacemos, cada acción que realizamos, cada pensamiento que tenemos, deja una impresión en la mente. Estas acciones pueden ayudar a purificar o limpiar la mente o pueden agregarle nuevas capas. Así que una definición o interpretación más elevada de yoga sería: la ciencia que nos hace consciente de nuestras acciones y las cambia para lograr la pureza requerida para alcanzar unión con la verdadera naturaleza de la realidad.

Esta es la naturaleza real de lo que somos. Somos el alma. Nuestras mentes se interponen en el camino de la experiencia de dicha que podríamos tener si tan sólo pudiésemos deshacernos del ruido que habita nuestras mentes. En lo profundo de nuestro interior cada alma anhela esa paz y felicidad. Mucha gente no sabe dónde buscar esa alegría. La buscan en la satisfacción material y física. No hay nada en la cultura occidental que nos enseñe lo contrario. Pero en muchas almas sensibles, luego de experimentar la superficialidad del placer material, surge un anhelo por algo más elevado, una paz interna que el materialismo no puede proveer.

Yoga es una ciencia que puede ayudar a la gente a conectarse. No es una religión. Todos, cualquiera sea su base religiosa, llegarán eventualmente a la misma realización. Es una comprensión de la naturaleza de la realidad. Lo que quiero decir con eso es que yoga redirige nuestra atención al interior. Nos recuerda que nuestra verdadera naturaleza es divina. Que somos una gota en el océano de dicha y luz. Y que para experimentar esa dicha y luz interior necesitamos calmar la mente. Una vez que esa mente esté lo suficientemente calma y purificada, será capaz de sentir la naturaleza del océano. Eso es unión, la unión del alma con la paz, la calma, el amor, la luz y la unidad del universo.

Alguien pragmático podría preguntarse, ¿qué tan práctico es todo esto? Pero, ¿qué es más práctico que vivir la vida de modo tal que uno se sienta siempre dichoso, con paz interior, alegre y conectado a la naturaleza y a otros que nos rodean? ¿Cuán práctico es perseguir la prosperidad material a costo de la paz mental? Más asombroso es que tan pocos se pregunten: ¿Por qué estoy en esta tierra?

Capítulo 2: Conociendo la Naturaleza del Alma

Siempre le pregunto a mis clientes: ¿Cómo se siente? Siempre seremos sólo tan felices como nuestro estado mental nos lo permita. Afortunada el alma que lo comprende. Una vez que realizamos que la llave de la felicidad está en nuestras manos, nuestra vida cambiará. Comprendiendo que la naturaleza del alma es divina, nos esforzaremos por manifestar esa divinidad interior. Es un concepto simple. La fuente de energía que buscamos está adentro. Una vez que la mente se limpia y purifica, la luz que ya está adentro puede ser experimentada aquí y ahora. Se vuelve nuestra naturaleza. Imaginen por un momento que experimentan semejante luz y dicha. ¿Cómo cambiaría sus vidas? Lo cambiaría todo. No serían capaces de ocuparse tanto en cosas como carrera, dinero, prestigio, reputación. Serían felices a pesar de todo.

Una vez que entran en el flujo de las cosas, la naturaleza tiene formas de trabajar a su favor. Muy parecido a lo que Gandhi dijo: "La naturaleza no puede abastecer a tu codicia, pero proveerá a tus necesidades". La búsqueda del confort material será subordinada a la búsqueda de la luz y dicha interior. Cada interés tiene su valor, pero la búsqueda de la felicidad interna es muy superior a una vida exitosa.

Para resumir, la razón por la cual todos tienen una experiencia diferente de la vida entre vidas, depende de la mente del individuo. O mejor dicho, del velo. Las impresiones que recogemos en nuestras vidas son acumuladas en la mente subconsciente y al morir las llevamos con nosotros. Éstas permanecen envueltas alrededor del alma. Y el alma sólo puede expresarse hasta donde el velo se lo permite. Por lo tanto, una persona con un tipo particular de condicionamiento mental causado por su crianza 'verá' la realidad, por ende, de modo diferente a otro individuo que puede haber realizado más trabajo en su alma y arrastra menos equipaje, y que puede ver una imagen mucho más clara de la realidad.

El caso de John nos permite captar una vislumbre de la naturaleza del alma. Durante todos mis años haciendo este tipo de trabajo, y habiendo tratado a cientos de clientes, es raro encontrarse con un alma capaz de compartir este tipo de conocimiento. Normalmente obtengo pequeños trozos de esta clase de información, pero este caso fue muy completo y claro. Nos otorga una perspectiva de nuestras vidas que está más allá de las doctrinas de las ideas religiosas establecidas. Este enfoque no parece contradecir nuestros sentimientos religiosos, sino que, por el contrario, los explica y los reinterpreta para la época actual.

También es interesante la explicación de John de que él estaba a cierta 'frecuencia' más que en un lugar. Desde la perspectiva científica esto tiene mucho sentido. Lo que parece implicar es que en nuestro nivel de consciencia cognoscitiva normal y diaria, nuestra percepción es limitada. Yo no puedo ver luz infrarroja o ultravioleta, pero eso no significa que esas luces no estén aquí en este mismo momento.

Como dijo el famoso físico Carl Sagan: "La ausencia de evidencia no es evidencia de ausencia". Determinar la veracidad de algo basado meramente en la evidencia empírica, aquello que podemos ver y observar, es

Capítulo 2: Conociendo la Naturaleza del Alma

restringir severamente la posibilidad de aquello que puede existir más allá de lo que puedo observar. En vez, la pregunta que debemos formularnos es: ¿Cómo puedo expandir mi rango de observación? Esto, por supuesto, es lo que la ciencia intenta hacer, pero también implica que aquello que consideramos científicamente cierto es meramente lo que la ciencia ha podido observar hasta el momento.

Las técnicas de regresión espiritual que usamos para las regresiones a las vidas pasadas y a la vida entre vidas están designadas a expandir el rango de observación. El motivo por el cual no puedo ver ultravioleta es que la luz ultravioleta tiene ondas luminosas más cortas que la luz visible. Si bien las ondas ultravioletas son invisibles al ojo humano, algunos insectos, aves, abejas y peces, pueden verlas. Esto es similar a cómo los perros pueden oír el sonido de un silbido que está fuera del rango de la audición humana. Pero, ¿qué ocurriría si pudiese cambiar mi capacidad para acortar la longitud de mi percepción de ondas? ¿Podría esto permitirme ver la luz ultravioleta? Sí, podría. Similarmente, cuando aplicamos las técnicas de regresión a la mente humana, se alteran las ondas de la mente. Esto puede ser medido y no es ciencia espacial. Esto hace que la mente sea capaz de percibir una realidad que está fuera del rango normal de percepción.

Es como escuchar la radio. Supongamos que una estación de radio poderosa transmite varios programas simultáneamente. Uno de estos será rock clásico, otro discos de oro y un tercero, conversación en vivo. Mientras manejo por la autopista sintonizo uno de estos canales, digamos el show de conversación en vivo, y me sumerjo completamente en la animada discusión entre el anfitrión y el huésped. Todo a mi alrededor desaparece. La autopista, mis preocupaciones, el clima, todo parece desvanecerse y una hora después repentinamente me encuentro en mi destino. Durante este viaje, ¿dejó de existir la autopista?, ¿cambió el clima? Y además, ¿qué le ocurrió a los otros programas radiales? Simplemente porque yo elegí este show de conversación en vivo no significa que los otros dejaron de transmitir. Todos existían simultáneamente, pero en frecuencias diferentes. Al elegir el programa de conversación, también elegí no conectarme a las otras frecuencias.

Cuando un cliente entra un estado de consciencia superior se abre otra dimensión. Otros programas que el universo está transmitiendo se vuelven asequibles para la mente. En el mundo de la nueva era, el concepto de los registros akáshicos es uno de esos programas. Los registros akáshicos son, aparentemente, grabaciones de todos los eventos humanos: acciones, pensamientos, sentimientos y emociones, pasadas, presentes y futuras, que están almacenadas y son accesibles en otro plano de existencia. Está emitiendo eternamente y, si mi mente está lo suficientemente elevada, podrá captar esa frecuencia y leer esos registros.

Eso también explica cómo los médiums son capaces de ver lo que ven y hacer lo que hacen. Un buen médium es capaz de percibir un rango de frecuencias que ustedes y yo no somos lo suficientemente sensibles para captar. Se conectan en el rango donde moran las almas que dejaron

Capítulo 2: Conociendo la Naturaleza del Alma

su cuerpo atrás. Durante una regresión de vida entre vidas nos conectamos a una frecuencia similar y nos tornamos capaces de comunicarnos con aquellos que dejaron nuestro plano de existencia. Hasta nos volvemos capaces de comunicarnos con niveles de existencia superiores.

La mecánica cuántica menciona once universos paralelos. Desde la perspectiva de la conciencia humana normal, esto sólo puede explicarse como universos coexistentes con el nuestro, en éste lugar y en éste momento, pero que no son visibles para nosotros debido a nuestro rango limitado de percepción. Del mismo modo que la evidencia de la mecánica cuántica es mayormente de naturaleza ilativa, la evidencia para la autenticidad de las regresiones a vida entre vidas es igualmente ilativa. Es real para el observador. Cualquier persona podría dudar de nuestra experiencia simplemente porque no logra conectarse a la misma frecuencia que nosotros. Para nosotros "ausencia de evidencia no es evidencia de ausencia". Para nosotros es real.

Una vez un gran santo, en su lecho de muerte, me dijo: "Pieter, si realmente logras algo, tú mismo lo sabrás. Esa es la norma". Me encanta eso y he tratado de vivir según este principio: no preocuparme tanto por la opinión de los demás, lo que la sociedad considera normal, verdadero o aceptable, y no preocuparme demasiado por lo que la ciencia dice que es verdad o no. En vez de eso, confío en mis propios descubrimientos y experiencias. Lo que veo, siento y experimento en mi interior es mi realidad. Simplemente porque alguien pueda no ver o sentir eso no lo hace menos verdadero o real para mí. ¿Necesitamos la aprobación o la confirmación de los demás para sentir como sentimos?

Capítulo 3
Buscando Integración

Para poder comprender plenamente la diferencia entre una regresión a vidas pasadas y una regresión a la vida entre vidas, dedico est e capítulo a compartir una grabación casi completa donde conduje a un cliente a través de la experiencia de ambas, la regresión a vidas pasadas y a la vida entre vidas.

En esta sesión podrán presenciar el poder de una regresión a vidas pasadas y qué fue alcanzado y experimentado por el alma en una vida particular. Otra cosa que tiene también particular interés en esta sesión es ver cómo trasladamos ese aprendizaje hasta la regresión de vida entre vidas para analizar aún más y colocar en perspectiva las tendencias y problemas de la vida actual.

Capítulo 3: Buscando Integración

Jim es un editor exitoso de Nevada. Cuando entró en mi oficina noté inmediatamente que su personalidad era introvertida y contemplativa. Alto y fuerte, tenía un aire de autoridad natural. Luego de conversar unos minutos donde le expliqué qué esperar de la sesión, comenzamos gradualmente el prolongado ingreso a la regresión. Durante los estadios iniciales de la regresión, noté que Jim entró a un estado de consciencia alterado, pronta y profundamente. Cuando la regresión prosiguió y lo conduje aún más hacia atrás en el tiempo, entramos a una vida pasada.

P: ¿Puedes describirme tu apariencia personal? *(Generalmente formulo muchas preguntas cortas, pero por el beneficio del lector algunas respuestas las he puesto juntas).*

Jim: Tengo pelo largo marrón, largo y ondulado. Llevo una especie de sandalias de cuero...

Mis pies y los dedos de mis pies tienen pelo negro... Pantalones marrones, holgados... Una camisa blanca con botones que se sienten cubiertos. Nada refinado pero es de un material de buena calidad.

P: ¿Dónde estás en este momento?

Jim: Enfrente a una casa... Una casa de troncos entre los árboles.

Es un clima ligeramente húmedo... La casa está apartada pero no aislada.

Hay otras no muy lejos... Esta es mi casa.

P: ¿Qué más?

Jim: Hay un pozo y un jardín aquí. Es en Francia o

cerca de Francia, en Europa central.

P: ¿Qué es lo que más llama tu atención?

Jim: Es una vida simple. Hay trabajo para hacer dentro y fuera de la casa. Pero no mucho. Hay tiempo libre disponible. Se siente relajado. Me gusta... Mi nombre es Reynault.

No hay nada realmente importante para hacer. Me gusta estar aquí y en la casa donde vivo.

Ahora hago progresar a Reynault en el tiempo.

P: ¿Qué está ocurriendo ahora?

Jim: Estoy en una plaza de adoquines en una ciudad. Hay una fuente y edificios con fachadas de diferentes colores a ambos lados de la plaza...

Hay gente caminando en distintas direcciones...

Parece que estoy en la plaza principal de Bruselas. Estoy de visita...

Ya estuve aquí antes.

P: Descríbeme cómo se viste la gente.

Jim: Nada extremadamente lujoso, pero bien hecho, con encajes y volados y decoraciones. Algunas mujeres tienen vestidos con lindos bordados y oropel. Veo varios carruajes y caballos.

P: ¿Qué fecha te parece que es?

Jim: 1745.

P: ¿Cómo te sientes hoy?

Jim: Siento que hay algo importante para mí aquí.

Capítulo 3: Buscando Integración

P: Avanza hasta esa cosa importante que viniste a hacer.

Jim: Hay una puerta grande de madera. Es como la entrada de una iglesia o de un patio interior. Hay una plataforma levemente elevada sobre la calle conectada con la plaza…

Hay un hombre, un personaje religioso con una sotana. Rojo oscura, holgada…

Me está mirando. Me invita a que pase por la puerta. Ingreso y camino por el sendero adoquinado. Me lleva hasta un patio apartado de la plaza.

P: ¿Qué ocurre entonces?

Jim: Me pregunta si estoy listo para ingresar al clero.

P: ¿Es por eso que viniste?

Jim: Sí.

P: ¿Qué le respondes? ¿Qué es lo que haces?

Jim: Estoy vacilando. También puedo sentir que es por eso que estoy aquí. Voy a hacerlo.

P: ¿Es una orden monástica? ¿Cuál te parece que es?

Jim: Tiene algo que ver con un obispo. Él está cerca. Católico. Una iglesia católica. Me está pidiendo que no ingrese como religioso, sino que trabaje para el obispo.

P: ¿Vas a ingresar para ser monje o para servir al obispo?

Jim: Para servir al obispo. Hay una invitación para ingresar, pero no necesariamente para ser parte de la iglesia.

P: ¿Qué piensas hacer?

Jim: Me dice que el obispo tiene un trabajo para mí. Que si lo acepto habrá una bendición y un pago.

P: ¿Cómo te sientes al respecto?

Jim: Siento como si ingresase a un nuevo rol. Hay propósito. Algo más que meramente vivir una vida en un pueblo rural.

P: ¿Es eso lo que estabas buscando, propósito?

Jim: Sí, me atrae.

P: ¿Qué es lo más significativo de este momento?

Jim: Es una decisión para trabajar por algo más grande que yo mismo. Le digo que sí.

Hago avanzar a Reynault en el tiempo hasta otro momento significante de su vida.

P: ¿Qué está ocurriendo ahora?

Jim: Tengo una armadura puesta. Parece que me transformé en alguna clase de caballero. Armadura, un escudo, es blanco y con una red roja. Al parecer soy parte de una cruzada.

P: ¿Estas con un grupo?

Jim: Hay gente a mi alrededor. Estamos realizando una especie de marcha. Somos muchos moviéndonos en la misma dirección. Hay una caravana en una calle sucia y estamos avanzando, caminando, algunos a caballo, con paso lento y consistente.

P: ¿Cuál es el estado de ánimo del grupo?

Jim: Determinado.

P: ¿Cuál es tu estado de ánimo?

Jim: Siento como si perteneciese a algo más grande que yo.

Capítulo 3: Buscando Integración

P: ¿Cuánto hace que caminan, y adonde se dirigen?

Jim: Vamos a Roma. No vamos a una batalla, estamos regresando. La batalla terminó. Somos el batallón que sobrevivió.

P: ¿Qué hay en Roma?

Jim: Vamos a una audiencia en el Vaticano. Nos dirigimos a la plaza en frente al Vaticano, donde oiremos una misa que oficiará el Papa.

P: ¿Qué te hace sentir eso?

Jim: *(muy emotivamente y llorando)* Triste, pero también lleno de expectativa por estar en la presencia del Papa.

P: ¿Qué es lo que te entristece?

Jim: La vida se ha vuelto más complicada. Hubo gente que murió. Pero yo estoy vivo y voy a tener una audiencia con el Papa.

P: Adelántate hasta la audiencia con el Papa.

Jim: *(con mucha emoción)* Aquí estoy, me arrodillo. Él pone su mano sobre mi cabeza: *(llorando)* 'Dios te bendiga, hijo'. Se siente divino ser reconocido. Hice algo valeroso. Me están dando un cierto tipo de mando. La responsabilidad de supervisar un batallón. Es casi una orden para liderar ciertos aspectos de la cruzada *(todavía llorando)*.

P: ¿Cómo te sientes al respecto?

Jim: Preocupado, pero estoy comprometido. El entorno es tan hermoso.

P: ¿Es eso lo que te pone tan emocionado?

Jim: Es como si hubiese avanzado tanto *(sollozando)*. De una villa rural a arrodillarme frente al Papa.

Nuevamente hago que Reynault avance en el tiempo a otro período significativo de su vida.

P: Dime qué ocurre.

Jim: *(con mucha emoción)* Estoy en un campo de batalla. La batalla terminó. Estoy vivo. Hay muchos muertos... Es una victoria.

P: ¿Con qué ejército estas peleando?

Jim: El Francés. Pero es casi como por una orden católica de algún tipo.

P: ¿Cómo un ejército papal?

Jim: Sí, así es. La iglesia está detrás. No los franceses. Hay un carruaje. Está bien decorado y con caballos blancos. Muy lindos arreos. Es mío.

P: ¿Qué clase de posición ocupas ahora en términos de rango?

Jim: Comandante o algo así *(con más emoción aún)*. El rango de comandante. Un rango elevado.

P: ¿Cuál es tu estado mental en este momento?

Jim: Me siento indiferente a las muertes que ocurrieron. Siento como si hubiese cumplido mi deber. Ahora es hora de ir a casa.

P: ¿Te refieres sólo a volver a casa o a dejar tu puesto?

Jim: *(ignorando la pregunta)* Tengo una clase de capa. Es de terciopelo rojo. Tiene forro amarillo. Cómo la de un príncipe o algo así. El carruaje, los caballos, es como si fuese algún personaje de la realeza.

P: ¿Así es como avanzaste de rangos?

Capítulo 3: Buscando Integración

Jim: Fue debido al Papa y la comisión. Él me iba a dar algún tipo de título. Mi sangre no era real, pero me lo dieron. Y ahora me estoy yendo del campo de batalla para entrar al carruaje y abandonar la escena.

P: ¿Qué es lo más significativo de este momento, ya sea a tu alrededor o en tu interior?

Jim: Es una expansión muy basta. Es el resultado de una conquista.

P: ¿Contra quienes estuvieron peleando?

Jim: Un frente de Europa del Este. En algún lugar pasando Hungría.

P: ¿Viajaste toda esa distancia para esta batalla?

Jim: Ya me retiré del frente de batalla y estoy informando sobre el nuevo territorio adquirido.

Una vez más hago que Reynault avance en el tiempo hasta otro momento significativo de su vida.

P: ¿Dime qué está ocurriendo?

Jim: Estoy dentro de una iglesia. Estoy dentro de un ataúd. ¿Sí? No, estoy despidiéndome. Es el Papa. Estoy visitando su tumba *(llorando intensamente)*.

P: ¿Estás triste?

Jim: Estoy triste, pero tengo una mezcla de sentimientos. Estoy recordando las oportunidades que me dio. Ofreciendo tributo, mostrando mi respeto.

P: ¿Sobre qué tienes sentimientos mezclados?

Jim: La vida que me elevó hasta un rango elevado no era la que esperaba.

P: ¿A qué te refieres?

Jim: Nunca fui totalmente religioso, pero vi la oportunidad de estar entre gente poderosa que tenía acceso a más. Para tener poder, para tener responsabilidades. Me entristece que el Papa ya no esté vivo. Siento como si hubiese cumplido mi deber y que destaqué en ello. Me dieron oportunidades que otros no tuvieron. Fui elegido y he cumplido impecablemente *(muy emotivo nuevamente)*.

P: ¿Qué es lo que sientes al respecto?

Jim: Siento que he madurado. Al parecer ahora soy el rey. Tengo este cetro. Soy más viejo. La vestidura es la misma. Es roja con bordes amarillos. Tiene una cimera.

P: ¿Cómo llegaste a Rey?

Jim: Fue parte de la conquista. Me vino junto con el territorio que goberné.

P: ¿Eso fue en el área de Hungría?

Jim: Sí, en el borde occidental. Prusia.

P: ¿Cambiaste de nombre cuando te hiciste rey?

Jim: Es Richard.

P: ¿Qué nación representaste?

Jim: Es Prusia. Es un principado. Soy el rey de parte del territorio. Es parte de una alianza de naciones allí.

P: ¿Cómo se siente ser rey?

Jim: Ahora soy más viejo. Ya estoy llegando al fin de mi vida también. Se siente un logro, el destino. Ya no se trata del deseo de tener más.

Capítulo 3: Buscando Integración

Ahora hago que Reynault avance hasta el último día de su vida como el rey Richard.

P: ¿Qué está ocurriendo ahora? ¿Cuántos años tienes en este último día de vida?

Jim: Setenta y seis.

P: ¿Hay algo en especial dentro o fuera tuyo que sugiera que tu muerte física ocurrirá ese día?

Jim: Estoy acostado. Hay muchas personas a mi alrededor. Estoy en alguna parte de mi territorio. Hay gente atendiéndome. Se inclinan sobre mí. Están haciendo algo en mi pecho y estómago. Estoy tosiendo. Tengo pelo gris, el rostro emaciado. Hay sábanas blancas. La gente solloza.

P: ¿Qué piensas de esta vida que acabas de vivir?

Jim: Estoy agradecido, siento que logré mucho. Y la vacilación que tenía cuando me ofrecieron el puesto se evaporó, transformándose en compromiso y dedicación a la tarea.

P: ¿Qué fue lo que aprendiste?

Jim: Aprendí que el poder y la responsabilidad están entremezclados. Para poder tener poder uno debe ser responsable por aquellos sobre quienes tiene poder y que incluso ser un rey no significa ser un Dios.

P: ¿Cómo crees que fueron tus acciones?

Jim: Siento que hice bien. Estoy retornando una gran cantidad de tierra a la gente y a otras principalidades.

P: ¿Sientes que fuiste un rey noble?

Jim: Sí, tanto como me fue posible.

Ahora lo hago avanzar hasta un lugar justo después de su muerte.

P: ¿Dónde estás ahora en relación al cuerpo que acabas de dejar?

Jim: Estoy por encima del cuerpo, mirando hacia abajo.

P: ¿Qué sientes en este momento?

Jim: Separación. Siento que el cuerpo ya no es lo que yo soy.

P: ¿Qué piensas de tu muerte?

Jim: Fue una muerte fácil. No fue traumática. La esperaba. Me siento más liviano.

A medida que lo guío, él describe cómo se mueve más allá, lentamente se aleja del lugar donde murió a niveles de realidad más elevados. Ve un grupo de cinco seres sin forma esperándolo allí. Los describe como guías que le dan la bienvenida al otro lado. Lo llevan a través de un corredor de luz al interior de una especie de sala circular de reparo. Un lugar de reflexión donde puede mirar hacia atrás a su última vida. Él lo describe como una proyección sobre una pared de luz, donde puede ver múltiples escenas de eventos que sucedieron durante su última encarnación.

Expresa cuán liviano se siente sin la carga de un cuerpo. Se torna consciente de una presencia mucho más grande. Mucho más grande y brillante de lo que cualquier otra forma podría ser. Esta energía lo está sanando y recargando su energía. Una luz blanca reconstituyente y amable.

Capítulo 3: Buscando Integración

Después ve un espacio vasto donde otros seres se sientan en semicírculo, comunicándose telepáticamente.

P: ¿Qué están diciendo?

Jim: Están hablando de mí, de lo que ocurrió en la última vida y cómo estuvo mayormente en línea con lo que habíamos determinado antes de que la entrase. El objetivo de la nobleza fue logrado. El objetivo de la responsabilidad, poder con responsabilidad, el uso de poder. Humildad, mantenerse digno en presencia de todas los desafíos.

P: ¿Ay algún comentario constructivo del que estén hablando?

Jim: El hecho de que respondí al llamado para ingresar la cruzada y trabajar dentro de la Orden Católica a costo de verdadero amor. No tuve una relación de amor. Tuve gente bajo mi comando, gente que fue conducida a mí, pero el amor no fue el foco principal. Fue una elección que tuve.

P: Elegiste poder en vez de amor, ¿es esa la suave observación que estás recibiendo?

Jim: Dicen que hice bien, pero que no exploré el objetivo del amor. El amor no era el punto destacable de esta encarnación. Preferí ser parte de algo más grande y estar en un papel significativo.

P: Ahora que estamos aquí, en presencia de los sabios, ¿es éste un buen momento para mirar a la vida de Jim y algunos de sus problemas relevante? Por ejemplo, ¿podemos mirar al objetivo de la vida de Jim, qué había decidido antes de nacer, y cómo se viene desarrollando eso hasta el momento? ¿Está esto en línea con ese tema?

Jim: Sí, dicen que podemos ver eso. Uno de los sabios da un paso al frente y dice que esta última vida como rey tiene paralelos con la vida presente como Jim. La elección entre seguir una carrera, responsabilidad, logros personales de poder y la oportunidad de amar.

P: ¿Es una continuación o una repetición del tema? ¿Está repitiendo los mismos patrones, o él está consciente de asumir este nuevo tema?

Jim: Es una infusión de amor en esta dinámica.

P: ¿Entonces estamos retomando donde dejamos?

Jim: Sí, en ese sentido se trata de una continuación. Pero esta vez él está consciente.

P: ¿Cómo le va en ese sentido?

Jim: En este momento no muy bien.

P: ¿Qué puede recomendar el sabio?

Jim: Personificar mi espíritu. Personificar el poder que tengo. Es una evolución natural de mi alma. Ser más generoso, más dadivoso. Que puedo dar amor libremente y que no se agotará.

P: ¿Quieres decir que él se está conteniendo?

Jim: Sí, hay un una especie de desconexión. No lo comprende totalmente, pero está saliendo a la luz. Ahora está cambiando. Se encuentra en una encrucijada, una transición para encarnar más plenamente la totalidad de mi alma y el espíritu.

P: ¿Te refieres a que en este momento está dando a luz la integración?

Jim: Sí.

P: ¿Ese es el objetivo principal de esta encarnación actual, fusionar ambos elementos? ¿O hay algo más?

Jim: Hay un reconocimiento de la verdad que parece presentarse en pleno contraste con la experiencia de vida y lo que la estructura social es; estructuras e instituciones políticas y económicas.

P: Sí, hay mucha distancia entre eso y la nobleza que viviste en tu vida como Richard, ¿no es así?

Jim: Carece de humildad en el rol de poder y responsabilidad. Tiene una gran carencia.

P: ¿Cuál es entonces la tarea de Jim respecto a la integración de la verdad en su vida? ¿Es mayormente para él como individuo o necesita ser expresado como miembro de la sociedad? No todos son seres sociales, y la verdad puede realizarse como una experiencia interna. ¿Hacia dónde están guiando a Jim?

Jim: A ser como un vehículo, un conducto, y también a ser el motor principal. A tomar más iniciativa en pos de la verdad.

P: *(Basado en los problemas que describió en su formulario de ingreso)* ¿Existe algún conflicto al respecto?

Jim: Me resistía, no estaba listo para compartir los mensajes, las ideas ni la verdad. Previamente, en esta vida, me había ocupado en cosas de interés personal y en cosas que atrapaban mi atención o me resultaban apasionantes. La verdad había permanecido en el trasfondo, esperando a que madurase. He estado esperando para asumir mi propio poder en este respecto.

P: ¿Cómo editor?

Jim: Ese es un buen vehículo para compartir y distribuir información. Pero hay otra parte que no tomó vida aún, algo que he preparado en términos de oratoria, tener una audiencia, una plataforma.

P: En ese intento de integrar al amor y la verdad con tus previos logros respecto al poder y la responsabilidad, hay algún obstáculo que se interponga.

Jim: Sólo las distracciones. La búsqueda de experiencias íntimas a nivel superficial, la marihuana recreacional, el alcohol. Estoy superándolas ahora.

P: ¿Entonces estamos madurando ahora?

Jim: Sí, es lo que está sucediendo.

P: Ya que estamos en presencia de los sabios, qué podrían ofrecer como consejo o como aliento para el próximo paso a seguir en esa dirección; tal vez respecto a la integración de la verdad, el amor y el poder?

Jim: Abandona el miedo. Abandonar la duda. Abrazar la verdad, abrazar el tema, la razón por la que estoy aquí. Y aquello, que ahora percibo como problemas, comenzará a desaparecer. Quitar esos viejos aspectos míos para estar más limpio. Permanecer agradecido y mantener un sentido de lo sagrado.

P: ¿Cuáles son algunos de los karmas que puedas haber acumulado en esta vida y de los cuales podamos hablar? ¿O esas cosas ya se solucionaron? ¿Qué estatus tiene eso en relación a la integración que buscamos?

Jim: Al parecer he acabado con la mayoría de los karmas

Capítulo 3: Buscando Integración

que había acumulado en esta vida, las malas decisiones debido a estar desintegrado en las relaciones. Durante ese cambio, la gente a mi alrededor no podía entender cómo pude cambiar tanto, de ser de una forma a volverme una persona completamente diferente. Está en un punto cumbre ahora. Las cosas podrían ir hacia cualquier lado. Volverme más desagradable y acumular nuevo karma, o ir en la dirección opuesta y aclarar las cosas.

P: Así que en cierta forma es crítico que hoy estemos aquí. ¿Por qué no involucramos a los sabios y les preguntamos qué consejo pueden ofrecer para asegurar de que las cosas tomen la dirección correcta?

Jim: Dicen que sea sincero conmigo mismo. Que hable la verdad. Toda la verdad. Que ponga a un lado mis reservas y mi miedo al resultado, y simplemente continúe hablando y siendo sincero conmigo mismo y con aquellos que están ligados a mi vida.

P: ¿Cuál sería una buena forma de referencia respecto a relacionarse con los demás, en el contexto de lo que estás tratando de lograr en esta vida?

Jim: Dicen que hice muy buen trabajo en lo que se refiere a desconectarme de aquellos con quienes ya no estoy alineado, y que para poder atraer y relacionarme con otros necesito asegurarme de que ellos estén en sintonía con los valores que yo albergo. Debo asegurarme de tener una comprensión apropiada de los valores de la gente y sólo intimar con aquellos que comparten estos valores. Y que permitir intimidad con gente que no comparte estos valores es la forma de generar karma negativo.

P: Entonces, para resumir, ¿estamos bien en cuanto a que los valores que describiste son los que descubrimos hoy; la integración de poder con responsabilidades personales, amor y verdad? ¿Y también que necesitas usar estos valores como principios sobre los cuales guiarte? ¿Alguna vez notaste esto antes de hoy?

Jim: Sí, esos son los valores de mi vida. Y no, nunca me había dado cuenta. Más bien, había estado buscando, de modo experimental, gente que tenía valores diferentes y que vivían en forma distinta a lo que me resultaba interiormente congruente.

P: ¿Hay algunas preguntas o problemas que no hayamos tocado, ya sea que las tengas tú o que los guías puedan querer compartir como palabras finales de inspiración y orientación?

Jim: Dicen que mantenga el curso. Que tengo todo lo que necesito y todas las capacidades. Que todo ha sido arreglado para permitirme desarrollar los objetivos y completar lo que vine a completar cuando asumí este cuerpo en ésta época.

P: ¿Cómo te sientes respecto a todo lo que viste y experimentaste hoy?

Jim: Siento que tengo una perspectiva nueva, una trayectoria histórica que me condujo a la experiencia de vida actual y me siento conectado. Siento que ver una oportunidad y llevarla adelante con integridad, humildad y coraje es el único camino que vale la pena transitar.

Capítulo 4
Los Caminos de la Consciencia Superior

Es una noción común considerar que la vida entre las vidas o la vida del más allá es una extensión de nuestra vida aquí en la tierra. En otras palabras, subconscientemente proyectamos nuestras ideas de vida al más allá. Esperamos que sea un mundo similar al nuestro, pero sin ninguna de las cosas negativas que encontramos aquí.

El problema con pensar de esta manera es que todos tenemos diferentes ideas respecto a la vida y la muerte. Todos queremos cosas diferentes. La gente que vive en el desierto puede desear abundantes ríos torrentosos en su idea de cielo, mientras que los que viven en áreas de frecuente inundación imaginan un cielo sin agua en absoluto.

Capítulo 4: Los Caminos de la Consciencia Superior

Para la gente con más inclinación científica estas ideas pueden resultar bastante poco atractivas. Cuando me contactan para que conduzca una regresión a la vida entre vidas, este es un punto importante a considerar. Hay una clase de mente científica que se rehúsa a creer en todo tipo de mundo en el más allá, aunque él o ella están abiertos a la idea de una consciencia y energía más basta. Otro grupo de gente educada, en mi experiencia, no siempre está consciente de su punto de vista lógico y científico respecto a la vida y la muerte. Conscientemente, debido a la educación y programación religiosa, pueden portar ideas románticas y literales del cielo y el más allá. Pero subconscientemente han sido educados para negar las doctrinas religiosas en favor del pensamiento científico y racional. Aunque están dispuestas a experimentar una regresión a la vida entre vidas y entrar en contacto con algo divino en su interior y más allá, dudan que puedan hacerlo o incluso que sea posible. Esto puede crear un conflicto en sus mentes antes y durante la sesión.

En los primeros años, cuando comencé a conducir sesiones, tenía pavor a los intelectuales extremos de cerebro izquierdo, debido al simple hecho de que no podían acceder al más allá con facilidad. Algunos no podían hacerlo en absoluto. Aunque eran un pequeño porcentaje, de todos modos me cansaba trabajar con ellos y tratar de establecer una conexión con la conciencia superior, por remota que fuese. La regresión tradicional a la vida entre vidas continúa siendo mayormente algo basado en una perspectiva Judeo-Cristiana del mundo y del 'cielo'. Todavía considera al más allá como una extensión bien organizada de algo similar a la tierra. Hay guías, ángeles, seres superiores, registros akáshicos, zonas de sanación y así por el estilo.

La ventaja que yo tenía, al tratar de resolver este problema, era mi extenso entrenamiento en las filosofías orientales debido a mis muchos años como estudiante de maestros hindúes y eruditos de los Vedas y el Vedanta. Mi educación en Diseño Industrial me ayudó también para poder pensar lógica y científicamente, de ese modo pude comunicarme con los clientes de cerebro izquierdo. Y aún más, mi interés en mecánica cuántica me inspiró a crear un puente entre el pensamiento tradicional y científico y la consciencia superior. Así que estuve intentando crear un método donde incluso mis clientes científicos más extremos pudiesen conectarse a la consciencia superior, sin tener que aceptar, consciente o inconscientemente, una esfera celestial similar al mundo.

Para poder compartir mi solución y mi método, me gustaría presentarles algunas ideas básicas de la filosofía oriental. Por ideas orientales, me refiero principalmente a las Budistas y Védicas (si bien, por supuesto, ha evolucionado en una miríada de formas desde entonces). Mayormente es un giro del pensamiento Védico, y me gusta enfocarme principalmente en el pensamiento de Advaita (no-dual) Vedanta.

La noción Védica del Alma es que ya es perfecta. El Alma no evoluciona. Ya es una parte perfecta de una realidad más grande. Esta realidad superior es considerada como un océano de consciencia sin forma. Por sus cualidades, si es que pudiésemos siquiera calificar su carácter 'más

Capítulo 4: Los Caminos de la Consciencia Superior

allá de toda cualidad', es llamado Sat-Chit-Ananda. Esto puede traducirse ampliamente como Existencia, Conocimiento y Dicha Absoluta. Así que el último estado, según los Vedas, es un océano sin forma e infinito con las cualidades de existencia pura, conocimiento infinito y dicha inexpresable.

Lo que se interpone previniendo nuestro contacto con este océano de dicha son las múltiples capas del condicionamiento que se ha formado en torno al alma, debido a los interminables enredos kármicos y la falta de consciencia evolucionaria. No es falta de evolución de parte del alma, ya que el alma nunca evoluciona. Su naturaleza ya es igual a la del océano. Pero nuestra consciencia del alma está atrapada en una cáscara de impresiones kármicas y condicionamientos.

En el principio del tiempo, el océano de consciencia proyectó, por así decirlo, partes de sí mismo y las envolvió en lo que llamamos evolución. Al igual que un remolino girando dentro del océano, en ningún momento deja de ser parte del mismo. El remolino está en el océano, está hecho del agua del océano y atrae y empuja agua del océano. Similarmente, el alma, aunque se encuentra en el remolino de lo que llamamos evolución, oscureciendo nuestra habilidad de verlo como un alma, siempre es el océano y jamás existe separado de él.

Esto es muy similar a la mecánica cuántica, donde la idea de materia en realidad no existe. Ustedes y yo vemos un universo multidimensional pese a que esto no es para nada exacto. En realidad, todo cuanto existe es energía.

Es debido a nuestra consciencia sensoria que percibimos formas. Así que científicamente podemos decir que la extrema limitación de nuestro sentido de percepción es lo que hace que 'veamos' diversidad. Verdaderamente, no hay tal cosa como objetos, pese a que los vemos. Y dado que no hay objetos, ¿cómo podemos hablar de que estén en algún lugar? No hay ubicación, no han lugar alguno donde ubicar un objeto en relación a otro ya que los objetos ni siquiera existen. Lo único que existe es un océano de energía infinita. La 'impureza' es nuestra noción de separación. Pienso que existo, pero no. Si soy algo, es sólo un aglomerado de energía vibrando a cierta frecuencia, sostenido por la gravedad y la energía de vida en un océano infinito. Energía dentro de energía.

Ahora bien, si trasladamos esta idea a nuestro mundo de regresión, tenemos un modo de avanzar. Qué pasaría si, a cierto grupo de gente, le pidiésemos simplemente que se pongan en tono con otra frecuencia. No le sugeriríamos que fuesen a una vida pasada ni a la vida entre vidas. Ni siquiera les sugeriríamos que semejante lugar existe. Más bien les ayudaríamos a cambiar sus ondas cerebrales. Intuitivamente comprenderían que cambiar su frecuencia cerebral les permitiría percibir una realidad correspondiente a esa frecuencia.

Si hay un mundo de existencia pura, conocimiento puro y dicha pura que existe en cierta frecuencia, podríamos aprender a ajustar nuestras ondas mentales a dicho estado para poder vislumbrar esa existencia, conocimiento y dicha que yace más allá.

Capítulo 4: Los Caminos de la Consciencia Superior

Esto no es meramente teoría, yo he aplicado este método exitosamente a muchos clientes. Durante las regresiones los cambió a otra frecuencia y así he visto el desarrollo de estados mentales increíblemente hermosos.

Tengo varios métodos de guiar lentamente al cliente a un estado de consciencia modificada, dependiendo de su naturaleza individual e inclinaciones. El increíble resultado es que el cliente gradualmente pierde la identificación con el cuerpo y luego con el condicionamiento de la mente y entra verdaderamente en un estado de consciencia modificada. Él o ella se conectan a una parte de este campo cuántico, o consciencia oceánica, como sea que prefieran llamarlo.

Creo que hay diferentes niveles y grados de 'pureza' de conexión que dependen del subconsciente del cliente. Cuanto más calma la mente, más pura será la conexión.

La regresión hipnótica se basa en ese principio. En nuestra consciencia normal diaria (lo que popularmente se conoce como la consciencia del 'cerebro izquierdo') la mente está en una onda Beta. Esto puede medirse fácilmente con un equipo de biorretroalimentación. Incluso con poco esfuerzo, guiamos al cliente al estado Alfa (una consciencia más interior o del 'cerebro derecho'). A través del continuo uso de técnicas de regresión avanzadas lo ayudamos a entrar en un estado Zeta de sueño profundo. Este es un estado de consciencia sumamente elevado, similar a la meditación profunda.

Un meditador experto puede acceder a este estado independientemente. Pero la mayoría de la gente necesita un poco de ayuda. La guía profesional puede ayudarnos a apartarnos de la interminable charlatanería del estado Beta hasta acceder rápida y fácilmente al estado Zeta. El problema con un meditador inexperto es que, con su mente estancada en la consciencia Beta del cerebro izquierdo, él o ella está tratando de orquestar un acceso a la consciencia Zeta del cerebro derecho. El cerebro izquierdo está tratando de no estar en el cerebro izquierdo mientras aplica métodos del cerebro izquierdo. El guía puede ocupar el papel del cerebro izquierdo y aplicar los métodos de parte del cliente, quien puede entonces desprenderse con mayor facilidad y así permitir un mayor acceso al interior.

Una vez que el cliente está a tono con el estado de consciencia Zeta podemos comenzar a conversar sobre los problemas relevantes a la vida de la persona. La persona, una vez conectada, experimentará una sensación increíble de claridad desapegada de sí mismo. En este estado de perspectiva transpersonal y más allá de lo condicionado, el cliente será su propio terapeuta.

Muy a menudo, en este estado, pude observar un increíble sentido de paz y alegría en el cliente. Me he transformado en un creyente de que realmente, la naturaleza de este océano cuántico es existencia, conocimiento y dicha. Para muchos de mis clientes, ésta es la experiencia de sus vidas y ya no es mera teoría para ellos. Esto es significativo.

Prácticamente cualquiera puede acceder a estados de consciencia superiores. Es parte de lo que somos. Cuando vamos a dormir a la noche, ustedes podrían sorprenderse de saber por qué estados viaja nuestra mente: de Beta a

Capítulo 4: Los Caminos de la Consciencia Superior

Alfa, y atravesando Zeta hasta Delta*. Normalmente, uno no sería capaz de entrar conscientemente al estado Zeta y permanecer en él. Pero con la guía de un terapeuta calificado y experimentado es posible. Durante una regresión somos capaces de mantener prolongadamente la mente del cliente en una frecuencia Zeta, permitiéndole que acceda a regiones profundas del subconsciente y, más importante, permitiéndole tocar el océano cuántico de una consciencia superior que se extiende infinitamente en todas direcciones, más allá de la mente. Aquí uno puede tocar la existencia misma, el conocimiento absoluto y la dicha infinita.

EEG Gráfica de Frecuencia Cerebral

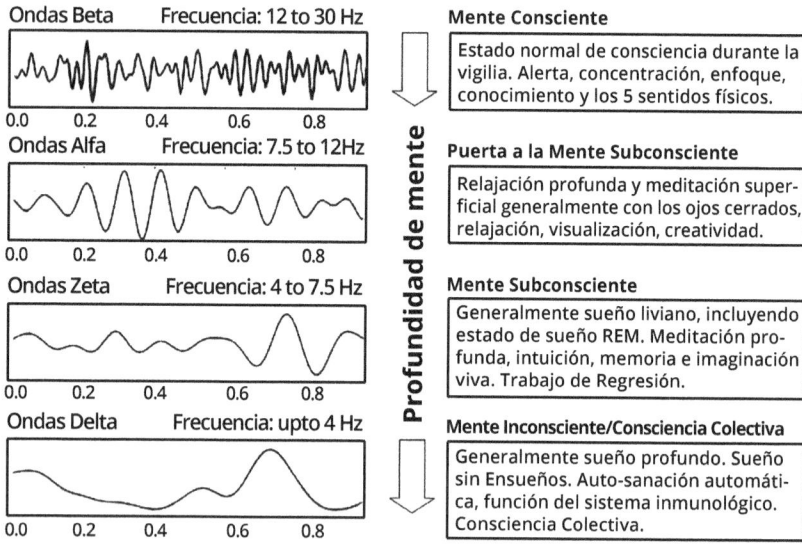

***Beta** (12-30 Hz): Las ondas cerebrales Beta están

asociadas con el estado de consciencia normal, cuando el individuo está despierto y un estado intenso de alerta, lógica y razonamiento crítico. Durante la realización de las actividades diarias estamos en Beta. Si bien es importante para funcionar efectivamente en la vida cotidiana, los niveles elevados de Beta se traducen en estrés, ansiedad e inquietud. Dado que la mayoría de los adultos operan primariamente en Beta durante las horas de vigilia, no sorprende que el estrés sea hoy el problema de salud más común. La voz de Beta es esa pequeña charlatanería irritante de nuestro crítico interior, el cual sube su volumen y se torna más inquieto cuanto más subamos en la gama.

Alfa (7,5-12 Hz): Las ondas cerebrales Alfa están presentes en la relajación profunda que se realiza generalmente con los ojos cerrados y mientas uno sueña despierto. La concentración relajada y desapegada lograda durante la meditación superficial es característica de Alfa y es óptima para programar nuestra mente para el éxito. Alfa resalta nuestra imaginación, visualización, memoria, aprendizaje y concentración. Se encuentra en la base de nuestro conocimiento consciente y es la puerta de nuestra mente subconsciente. La voz de Alfa es nuestra intuición, la cual se vuelve más clara y más profunda cuanto más nos acercamos a 7,5 Hz.

Zeta (4-7,5 Hz): Las ondas cerebrales Zeta están presentes durante la meditación profunda y el sueño liviano, incluyendo el estado de sueño REM. Zeta el reino de la mente subconsciente. Es también conocida como el estado de crepúsculo, ya que normalmente sólo se lo

Capítulo 4: Los Caminos de la Consciencia Superior

experimenta momentáneamente cuando estamos a punto de dormirnos (desde Alfa) y cuando estamos despertando del sueño profundo (desde Delta). En Zeta puede experimentarse una sensación de profunda conexión espiritual y unión con el universo. Visualizaciones vívidas, grandes inspiraciones, profunda creatividad, percepción excepcional y también las programaciones mentales más profundamente arraigadas se encuentran todos en Zeta. La voz de Zeta es el silencio.

Delta (0,5-4 Hz): La frecuencia Delta es la más lenta de todas y está presente en el estado de sueño profundo, sin ensueños, y en la meditación trascendental muy profunda, donde la consciencia está completamente desapegada. Delta es el reino de nuestra mente inconsciente. Es la puerta que conduce a la mente Universal y el inconsciente colectivo, sin la cual, la información recibida sería de otro modo inalcanzable para el nivel consciente. Delta está asociada con la sanación profunda y la regeneración, destacando la importancia del sueño profundo para el proceso curativo.

Gamma (30-100 Hz): El rango descubierto más recientemente es Gamma, que es la frecuencia más veloz y se encuentra por encima de los 40 Hz (algunos investigadores no diferencian las ondas Beta de las Gamma). Si bien es poco lo que se conoce de este estado mental, las investigaciones iniciales muestran que las ondas Gamma están asociadas con las explosiones de percepción y elevados niveles de proceso informativo.

Una acotación importante en este capítulo es la

comprensión de que no importa qué método de regresión uno use, la experiencia de cada cliente es real a su manera. Cada experiencia muestra diferentes aspectos de un mundo que yace más allá de nuestra percepción normal. No estoy sosteniendo que alguna perspectiva de esa realidad sea superior o más verdadera que otra. Más bien, que las experiencias de mis clientes son el resultado de sus diferentes inclinaciones. La programación neurolingüística (NLP) tiene una hermosa forma de explicarlo: "Nadie ve la realidad como verdaderamente es. Sólo vemos nuestro propio mapa de esa realidad".

El grado en que nuestra mente esté completamente desprovista de cualquier condicionamiento, es el grado hasta donde nuestra experiencia de la vida del más allá se tornará más clara.

Esto me recuerda una conversación que tuve con un gran santo hindú cerca de Paris, Francia. Él se me había aparecido en un sueño y me había concedido un mantra sagrado. Lleno de entusiasmo le pregunté: '¿Eres mi gurú entonces?' A lo que respondió: 'Tú eres tu propio gurú. Si dijese que soy tu gurú, entonces, debido a tu amor por mí, siempre harás lo que te enseño, que repitas el mantra que te di incluso cuando envejezcas. Pero vas a cambiar. Vas a evolucionar. Y junto contigo, tu idea de Dios cambiará, más aún, aquello que necesitas para progresar también cambiará'.

Este consejo siempre me ha acompañado. Nosotros de hecho cambiamos, y así cambian también nuestras necesidades. Consecuentemente, nuestra percepción del

Capítulo 4: Los Caminos de la Consciencia Superior

mundo que nos rodea cambia. A medida que nuestra mente cambie, también lo hará nuestra realidad. Jamás podemos decir con certeza absoluta que esto es cierto y aquello es falso. El filósofo hindú Vivekananda nos da un hermoso ejemplo: "Digamos que tomas una foto del sol desde el jardín de tu casa. Ahora, tomemos otra foto del sol desde un lugar justo más allá de la atmosfera. Y luego otra desde las profundidades del espacio exterior. Cuando compares las tres imágenes todas mostrarán al sol. Ergo, cada una te dará una imagen completamente diferente. El sol nunca cambia. Pero nuestra perspectiva del sol nos hace ver distintas cosas. Aun así, cada foto es igualmente verdadera. No puedes decir que la foto tomada desde tu jardín no es precisa o que representa mal al sol. Es del sol y es precisa. La imagen del sol tomada en lo profundo del espacio es igualmente verdadera y exacta. No obstante, nos permite una visión más detallada".

Lo que mis clientes experimentan durante una regresión es precisamente así. Cada persona, por igual, percibe una imagen del más allá. Sin embargo, cada uno la mira desde una perspectiva diferente. Algunos desde el jardín de la casa, otros desde el espacio más allá de la atmósfera y otros desde la profundidad del espacio exterior. Y cada experiencia es igualmente válida e igualmente verdadera.

Capítulo 5
Despertar

Esta historia de vida pasada comienza con un hombre de 24 años de edad de piel oscura y vistiendo harapos. Su nombre es Bahri. Él cuenta vivir en un área de terreno accidentado rodeada de grandes y elevadas montañas. Su tribu está aquí con él y viven en tiendas primitivas hechas con piel de color blanco. Expresa la necesidad de ayudar a guiar esta tribu a alguna otra zona debido a la falta de alimento. Está en Europa en un lugar árido y caliente, mucho tiempo atrás, antes que comenzase la civilización como la conocemos.

Lo hago avanzar hasta sus 53 años de edad, donde comparte conmigo que ahora está cansado y envejeciendo. Está seco y él tiene sed. La gente viene a pedirle consejo,

Capítulo 5: Despertar

él guía a la tribu diciéndoles donde ir y qué hacer. Ahora es un anciano de la tribu. Le agrada el hecho de que ahora puede finalmente ser de servicio. Solía ser un arquero experto y ahora le enseña el arte a los jóvenes. Comen mayormente presas grandes y frutas del bosque. Está tranquilo y satisfecho. No tiene preocupaciones. Puede simplemente ser.

Avanzando en el tiempo una vez más, es ahora mucho más viejo y enfermo. Se encuentra dentro de la tienda. La gente a su alrededor lo mira fijamente y llora. Está muriendo. Está consciente de que está muriendo y al reflexionar sobre su vida describe una vida de satisfacción. Aprendió a ayudar a otros y es feliz con ello.

Ahora guío al alma al estado de vida entre vidas. En su vida actual, Karin tiene 22 años de edad, es estudiante de Abogacía y proviene de Las Vegas.

Tal vez se pregunten cómo 'elegimos' la vida pasada particular a la que regresamos durante la sesión. La verdad es que no lo hacemos conscientemente. La sugerencia durante la sesión es 'regresa a la vida pasada más relevante'. Mirando en el tiempo a todas las sesiones de regresión a vidas pasadas y a vida entre vidas que conduje, siento que hay una consciencia superior que nos guía a través del proceso. Considerando que la mayoría de nosotros hemos vivido incontables vidas pasadas que no recordamos, ciertamente no podría ser una elección consciente de parte del cliente. Como terapeuta, obviamente no conozco las vidas pasadas de mis clientes. Mi conclusión es que se trata de la consciencia superior del cliente o de un principio guía que hace esta elección por nosotros durante la sesión. Esto se torna particularmente obvio cuando consideramos que el asunto que se encara durante la parte de la sesión que tiene que ver con la vida entre vidas casi siempre armoniza perfectamente con los patrones que descubrimos en la regresión a vidas pasadas. Es sorprendente cómo esto siempre resulta ser exacto. Una inteligencia superior parece integrar este aprendizaje de un modo que no podríamos lograr conscientemente con facilidad.

Ella describe seguir unas luces brillantes que la guían por un túnel. Está expresando gran alegría y exaltación. Al salir del túnel se encuentra por un momento en un lugar más tranquilo y oscuro hasta que una luz azul se le acerca. Esta luz lentamente toma la forma de un ángel. Su nombre es Gabriel. Le dice que se calme ya que ella se siente intimidada y sobrecogida. Ella sigue a Gabriel hasta un grupo de seres angelicales.

P: ¿Los conocías de antes?

Karin: Sí, yo parte de ellos.

P: ¿Son un Grupo de Almas o más bien protectores?

Karin: Son más bien como ángeles y yo soy parte de ellos. Estoy mucho más feliz y calmada ahora. Estoy tan contenta de hablar con ellos.

P: ¿De qué les estás hablando? ¿Hablas en algún momento de la vida que acabas de vivir, como una especie de revisión?

Karin: En este momento no. Eso viene después. Estamos simplemente poniéndonos al día. Ni siquiera hablamos. Sentimos simplemente.

Capítulo 5: Despertar

P: ¿Cómo se experimenta eso?

Karin: Es difícil de describir. Es como mezclar energías. Como una gran reunión. Es una especie de armonía, como si alguien tocase algunas notas en un piano.

P: ¿Qué color llevas?

Karin: Una especie de púrpura amarillento.

P: ¿Generalmente adónde vas para discutir la vida de Karin *(su vida presente)*?

Karin: Necesito hablar con Gabriel. No parece muy comunicativo. Simplemente parece que me mira con mucha intensidad. Es una energía feliz. Me pide que me calme y que no intente sacar conclusiones sobre mí. Alguien más se acerca.

P: ¿Cómo se presenta esta presencia?

Karin: Es como Gabriel pero tiene un propósito diferente. Él va a contestar mis preguntas.

P: ¿Qué ocurre en la conversación?

Karin: Dice que estoy en el camino cierto. He querido ayudar a la gente tanto como pude. Que soy muy intuitiva y he transmitido mucho conocimiento. Simplemente necesito escucharme a mí misma. Quiero ocuparme de los demás.

P: ¿De qué forma sugieren los sabios que ayudes a los demás en esta vida como Karin?

Karin: Tengo la habilidad de inspirar a la gente. Necesito ayudarlos a ver cómo pueden ayudarse a sí mismos, para que se motiven a sí mismos. Parece que necesito hablar.

P: ¿Algún tema o instrucción en particular?

Karin: Veo que es la profesión legal *(ella es estudiante de abogacía ahora)*. Al parecer tengo mucha experiencia. En otras vidas. Eso resuena.

P: ¿Qué es lo que hiciste en otras vidas?

Karin: Corredor de bolsa. Fui dueño de múltiples negocios. Grandes y pequeños.

P: ¿Estos negocios y la carrera de abogacía son de por sí un medio de ayudar a los demás o son para proveerte lo necesario para hacerlo?

Karin: Ambos. Están interconectados.

P: Antes habías escrito una pregunta respecto a una tendencia que habías observado en ti; el hecho de que sientes las emociones mucho más profundamente que otros y expresaste el deseo de saber por qué era así. ¿Qué puedes decirme de eso?

Karin: Experiencia.

P: Interesante. Creo que entiendo lo que estás tratando de decir, pero elabóralo, por favor.

Karin: He tenido muchas emociones diferentes en lenguajes *(vidas)* diferentes y las comprendo naturalmente.

P: ¿Hay algo en especial que se destaque?

Karin: Estoy oyendo amor. Es amor.

P: ¿Hay algo que se interponga en tu camino?

Karin: La falta de disciplina. Necesito meditar y conectarme más.

P: Muy a menudo oigo eso. ¿Qué tiene que ver esa disciplina en conexión con la meditación, en términos prácticos?

Capítulo 5: Despertar

Karin: Dado que siento y me conecto con muchas emociones diferentes, comprendo casi cada aspecto, cada argumento y situación. A veces me encuentro sintiendo de maneras opuestas respecto al mismo tema. Necesito meditar para arribar a un punto medio.

P: ¿Quieres decir que la meditación te permitirá encontrar y mantener un centro espiritual?

Karin: Sí, así es.

P: Anteriormente me mencionaste la confianza *(en su formulario de ingreso).*

El formulario de ingreso o cuestionario es una parte crítica de la sesión. Los clientes escriben lo que les gustaría preguntar cuando encuentren una Fuente Superior. Durante la sesión, en un momento oportuno, realizo la pregunta de parte del cliente.

Karin: Me siento confiada en lo que se refiere a poseer poder, porque estoy conectada muy a menudo. Pero a veces me inflo demasiado debido a que pienso que aquí soy simplemente Karin, aunque en realidad percibo más que eso. No debería atribuirlo a lo que soy aquí meramente.

P: ¿Quieres decir que cuando sientes ese poder crees que surge de Karin, pero que en realidad proviene de un Ser superior y que Karin debería estar más consciente de ello?

Karin: Sí. Necesito diferenciar mejor que la fuente de todo poder proviene de lo divino. Estoy despertando. Madurando.

P: ¿Qué quiere decir despertando? ¿Qué dice el guía?

Karin: La dirección última hacia la que quiero ir con este despertar es ayudar a otros a ser libres. De ambas maneras, libertad material y espiritual.

P: ¿Es así como entiendes tu despertar?

Karin: Liberación. Sí. Es un estado de consciencia.

P: ¿Cómo ves el desarrollo de esto en tu vida diaria? ¿Qué visión tienes?

Karin: Esto proviene de una vida pasada. Yo era una líder espiritual, eso me trajo gran autoestima y yo empoderaba a los demás. Es algo que traje conmigo.

P: Dime más.

Karin: Fue en Atenas. Era una especie de sacerdotisa. Sé que fue así.

P: ¿Eso ocurrió una vez?

Karin: No, muchas veces, ha sido algo frecuente.

P: ¿Ya habías logrado el despertar en esas vidas o esto es algo que estás procurando alcanzar sólo en esta vida?

Karin: No, ya lo había logrado.

P: En esta vida, con 22 años de edad, ¿lograste ya recuperar ese despertar o todavía necesita desarrollarse?

Karin: Estoy oyendo, 'todavía horneándose'.

P: ¿Hay algo más a lo que debamos prestarle atención o que se nos haya escapado?

Karin: Dicen que debería prestarle atención a los sueños.

P: Entiendo. Elabora, por favor.

Capítulo 5: Despertar

Karin: A través de los sueños y de la meditación, los guías podrán permanecer en contacto conmigo.

P: ¿Qué te hace sentir eso?

Karin: Me siento muy sabia y afortunada.

A menudo oigo a otros terapeutas de regresión decir que uno no puede tener una regresión exitosa con la gente joven, ya que no han acumulado suficiente experiencia aún. Mi pregunta, como terapeuta de regresión es, '¿cuál vida?' Yo he tenido sesiones sorprendentes con los jóvenes. No sólo sus mentes son a menudo más puras, simples y capaces de conectarse a frecuencias superiores, sino que a menudo subestimamos u olvidamos el hecho de que anteriormente pueden haber vivido muchas vidas. El término 'alma vieja' es muy aplicable al alma de esta sesión. Un cuerpo joven no significa un alma joven, ni tampoco un cuerpo viejo automáticamente transforma al alma en vieja y sabia.

Hay mucha confusión entre la gente cuando ven a personas poderosas e inteligentes ocupando posiciones de poder y autoridad. Se preguntan, ¿cómo es que este tipo puede elevarse a semejante altura con tanta falta de integridad? ¿Cómo es que yo, sintiéndome tan sensible e inteligente, no soy reconocido o no estoy en posiciones elevadas? Hay varias maneras de responder a esas preguntas. La primera es la errónea suposición de que la inteligencia y la sabiduría son la misma cosa. En mi opinión, la inteligencia es hereditaria. Es el cerebro al que ingresas cuando asumes un cuerpo particular. No es signo de progreso espiritual ni de gran sabiduría. Un alma puede querer vivir en un cuerpo con una mente brillante durante cierto tiempo debido a que puede ofrecerle un crecimiento particular y oportunidades que necesita en esta fase de su evolución. Cuando miramos a nuestro alrededor o incluso cuando observamos a los líderes de nuestro país, no podemos negar su inteligencia y vivacidad. Se necesita cierto tipo de inteligencia para elevarse hasta la cima. Simultáneamente vemos, en muchos de ellos, una completa falta de integridad, altruismo y sabiduría. Estas características sólo se manifiestan cuando un alma es evolucionada. Dicha alma puede no tener interés en el poder, e incluso si semejante alma pudiese hacer uso de poder, como nuestro rey en el capítulo tres, lo usaría sabiamente y por el bien de la mayoría.

Un alma más sabia, generalmente ha trascendido la necesidad de reconocimiento y de poder. Sus intereses principales son de naturaleza espiritual. Desea amar, ayudar, aprender, enseñar y compartir. La inteligencia de un alma sabia es de otra clase. Es el tipo de inteligencia dotada de discernimiento entre aquello que conduce a una mayor libertad interior y lo que va a atarlo aún más al mundo y a una serie interminable de futuros renacimientos. Es un tipo superior de inteligencia que no depende en absoluto de la capacidad cerebral. Su fuente es la pureza interior y la claridad. Deriva de la pureza adquirida a lo largo de muchas vidas, donde las capas del condicionamiento fueron sacadas del alma, permitiendo al Ser superior que brille sin obstrucción. En un antiguo texto sánscrito, a dicha mente la llaman Medha o Buddhi, la consciencia iluminada.

Una mente inteligente y astuta puede ser, desde una

Capítulo 5: Despertar

perspectiva espiritual, una espada de doble filo. Sí, puede ayudar a alguien a lograr gran éxito. ¿Pero a qué costo? Si esta inteligencia no está acompañada de sabiduría, puede conducir al alma por mal camino. Podría atarse a sí misma con tantas cargas kármicas que llevaría muchas vidas desatar semejantes ligaduras. Tal vez coseche los beneficios de su inteligencia durante un tiempo, hasta que el karma lo llame a cerrar cuentas. No a modo de castigo, sino como una herramienta para ayudar al alma a tornarse consciente de que cada acción tiene una reacción, igual y opuesta. Un alma podría tener que pasar por esas experiencias para despertar.

Yo conocí muchas almas espirituales grandemente avanzadas que no tenían ningún logro mundano en particular, ni estaban interesados en tenerlos. No quiere decir que no pudiesen haber logrado grandeza incluso en términos mundanos, ya que algunos podrían haber sido perfectamente capaces. Por otro lado, otros eran muy sencillos y carentes de mundanalidad, y no habrían sido conocidos por sus grandes habilidades intelectuales. Y aun así, estando en su presencia detecté una gran consciencia y lucidez, como si pudiesen ver a través de uno. Recuerdo, siendo parte de una poderosa Orden religiosa en la India, que algunos de sus líderes no eran los más avanzados espiritualmente. A menudo, aunque no siempre, era el hermano sencillo el que poseía la mayor iluminación. Es un privilegio muy raro encontrar a un alma altamente avanzada que posea ambos: cabeza y corazón.

Es importante notar que un gran intelecto no es requerimiento ni indicación de despertar espiritual. Es el amor y la conciencia que lo son.

Karin regresó a los comienzos del tiempo, incluso antes del comienzo de la civilización, donde podía volver a experimentar los orígenes de sus tendencias altruistas. Viajando por muchas vidas ella logró el despertar interno y usó este poder y amor para ofrecer servicio a otros. Aunque en este cuerpo, siendo joven, no ha todavía manifestado plenamente su antiguo despertar interior, ya puede comenzar a sentir ese poder interno despertando. La forma inocente y prosaica en la que ella comparte sus luchas para contener su poder y su confianza es fascinante. Cosa que es también una clara indicación de las profundas memorias y tendencias de vidas pasadas y un nuevo despertar de sus antiguos logros espirituales. Sabe cómo usar su cerebro y su inteligencia en la mejor manera. No enfatizando su carrera o su inteligencia, sino acentuando el servicio y el amor.

Ella llegó a la comprensión de que todo poder proviene de lo divino. Y está comenzando a sentir en su vida a este poder manifestándose. Está aprendiendo a no dejarse arrastrar por esta inteligencia y poder, y a tornarse más consciente de que proviene de un lugar más elevado. En un nacimiento anterior ya había logrado un alto grado de despertar espiritual y en el presente, en su vida como Karin, se está preparando para manifestar este despertar una vez más. Está comenzando a comprender que su verdadera identidad no es Karin, sino un alma divina y libre que está más allá de Karin.

Esta es una realización altamente significativa. Muchas tradiciones espirituales describen que la meta de la vida es

Capítulo 5: Despertar

el despertar del Ser. Karin está comenzando a comprender lo que esto significa. ¿Cómo es esta experiencia para alguien que está despierto? Es más fácil comprenderlo cuando lo vemos a través de las lentes de la regresión a la vida entre vidas. Porque semejante alma conocería su verdadera identidad como siendo algo distinto o estando en otra parte, incluso mientras se encuentra firmemente afianzado aquí en este planeta. No consideraría al cuerpo ni a la mente como su verdadera identidad. Sabría y sentiría en todo momento que su verdadera identidad es el Ser superior, el Alma. Sabría y sentiría que es siempre libre e incambiable, sin importar qué cuerpo asuma durante un tiempo. Permanecería consciente y conectada en todo momento con la fuente divina de consciencia. Es como vivir en dos mundos al mismo tiempo. Los altos y bajos del mundo no afectarían demasiado a semejante alma. Poseería una forma de elevarse sobre semejantes cosas.

Y este es el motivo por el cual experimentar una regresión a la vida entre vidas puede ser un viaje tan poderoso. Imaginen que, al menos por un momento, pueden sentir personalmente que son más que meramente el cuerpo, viviendo en esta misma ciudad, rodeados de esta misma cultura y esta gente, continuando en el mismo trabajo. Imaginen que son un ser luminoso, divino, siempre libre. Imaginen que verdaderamente sienten y comprenden, no intelectualmente sino en forma experiencial, que el viaje en este plano de existencia es un mero programa de entrenamiento temporario. ¿Qué implicaciones psicológicas tendría esto para ustedes?

Mucho de nuestro dolor y sufrimiento surge de sentimientos estancados, sin poder ver una salida ni una forma de avanzar. Nos congelamos, incapaces de actuar, o entramos en pánico. Todo lo que podemos ver en ese momento son los estrechos confinamientos de nuestra existencia en esta tierra. Más allá de eso no podemos ver. Carecemos de perspectiva. Todo el condicionamiento que esta encarnación depositó sobre nosotros; parental, medioambiental y la condición genética, se ha vuelto real para nosotros. Nos hemos transformado en un cuerpo humano, olvidando nuestra eterna identidad con la luz.

La meta de la espiritualidad es recuperar la consciencia de nuestro verdadero Ser. Podemos esforzarnos por alcanzar una vislumbre de este estado superconsciente realizando nuestras propias prácticas espirituales. No obstante, con la ayuda de un facilitador durante una sesión de regresión, se torna mucho más fácil poder experimentarlo por uno mismo. El alivio que le trae a la mente puede llegar a ser inmenso; conociendo y realizando que hay una forma de salir adelante pues somos mucho más de lo que creemos ser en nuestra vida diaria. Saber que hemos vivido muchas vidas antes significa que no necesitamos tener tanto miedo ni sentirnos intimidados por las circunstancias. Esto puede ser liberador.

De mis propias experiencias, puedo compartir con ustedes que durante los períodos más duros de mi vida encontré tremenda fuerza sabiendo que esta vida es meramente un sueño pasajero. No sólo debido al trabajo que realizo donde he presenciado a cientos de clientes experimentar una consciencia superior, sino también por mis propias experiencias espirituales. Como ya les dije antes, comencé recordando varias vidas pasadas. Esto me hizo preguntarme a temprana edad, por qué estaba aquí y cuál era mi verdadero propósito. No encontraba mucha satisfacción en buscar lo que la mayoría de la gente parecía perseguir ciegamente. Yo buscaba, desde muy temprano, una experiencia que me reconectara con mi verdadera identidad, más allá del limitado confinamiento de este cuerpo y este mundo donde me sentía atrapado. Esta búsqueda me puso en contacto con varios místicos que me ayudaron a redescubrir esta verdad.

Uno de estos contactos fue en Ámsterdam, con un gurú de la India. Este sabio se había ubicado temporariamente en una casa en las afueras de Ámsterdam, respondiendo a la invitación de algunos buscadores sinceros. Sentí una conexión inmediata con él y quería estar cerca suyo y visitarlo tanto como me fuese posible. Como vivía cerca de París en ese entonces, solía tomar el tren e ir a verlo en cada oportunidad que se me presentaba. Durante una de esas visitas me invitó a meditar con él en su pequeño santuario casero. Era una habitación pequeña que él había convertido en oratorio, donde tenía imágenes, incienso, velas y almohadones para sentarse a meditar. La elevada frecuencia de la habitación era palpable. Yo había estado practicando meditación durante un tiempo y de vez en cuando experimentaba una profunda paz interior y calma. Esta preparación me ayudó cuando estuve en su presencia, para poder reconectarme rápidamente con esta calma y entrar en una profunda meditación. Luego de unos minutos de tranquilo silencio, repentinamente sentí que estaba dejando mi cuerpo y luego mi mente. La dicha que experimenté debido a eso era incomprensible y no podía ser expresada en palabras. Experimenté que yo era luz consciente expandiéndome infinitamente en todas direcciones. Todavía permanecía un pequeño velo de identidad personal, pero sólo lo suficiente para permitirme vivenciar la dicha y expansión de mi propio ser. El próximo nivel habría sido que me disolviese completamente en esta infinitud fuera y dentro de mí. Era un estado, como supe luego, del cual muy probablemente uno no regresaría.

No sé cuánto tiempo estuve en ese estado. Fue mucho después que me sentí arrastrado y regresado a mi cuerpo, que me reconecté con este plano de existencia. Mientras abría lentamente mis ojos vi al sabio mirándome compasivamente y dijo: 'Hum, no está mal'. Él lo había presenciado todo. Incluso hasta hoy no sé si él facilitó esta experiencia para mí o si fue la osmosis de su presencia que me permitió tener esta experiencia increíble. Lo que sí sé es que cambió mi vida.

Durante mi propia experiencia de vida entre vidas experimenté estados de consciencia similares. Un estado donde estaba simultáneamente consciente de mi cuerpo y de estar en la habitación con el terapeuta, mientras mi Ser superior se hallaba más allá de este mundo.

Estas experiencias me confirmaron el poder y la realidad de la experiencia transcendental. Cuando un cliente llega a esa frecuencia soy capaz, hasta cierto punto, de viajar allí con él o ella. Cada vez que me encuentro con estos seres maravillosos y puros descubro una sonrisa en mis labios. Mi mayor alegría es cuando ellos redescubren

Capítulo 5: Despertar

cuán hermosos y grandes realmente son. Somos todos hijos de la luz.

Capítulo 6
Vivir Libre

Existe una diferencia importante entre una sesión normal de terapia y una sesión de regresión a la vida entre las vidas. Durante una sesión normal de terapia, el terapeuta trata de comprender, con el paso del tiempo, que cosas preocupan al cliente. Este puede ser un proceso prolongado, y aun así, a menudo resulta difícil hacer un diagnóstico adecuado y trabajar con el cliente para superar esas dificultades. La mayoría de la gente a la cual les realizo una sesión de vida entre vidas, son personas que jamás había visto antes. Sin embargo, la gente viene a estas sesiones con una lista de problemas personales e importantes de los que necesitan saber más. De hecho, yo les pido que escriban, antes de venir, todo lo que les gustaría saber sobre sí mismos y el propósito de sus vidas.

Capítulo 6: Vivir Libre

Como terapeuta de regresiones a la vida entre vidas no necesito realmente saber cuál es el mejor método para que el cliente avance. ¿Cómo podría saber siquiera cual es el propósito de su vida? Por supuesto, un buen psicoterapeuta tratará de ayudar a que el cliente encuentre sus propias respuestas y puede ser instrumento en ayudarlo a lograr eso. Pero estas cosas llevan tiempo y, aun así, el cliente no sabe realmente cuánto de eso es bueno para él o ella, pues las soluciones se buscan dentro de los límites de su comprensión actual. Tal vez, muy probablemente así lo sea, la solución yace fuera del sistema de creencias y de las comprensiones presentes.

Una sesión de regresión a la vida entre vidas se basa en la noción de que hay un mundo más allá de éste en el que estamos y que ese mundo está ocupado no sólo por los que murieron, sino también por guías y maestros que ascendieron a esas posiciones. Algunos de esos maestros vivieron en este mundo antes y otros no. Durante la sesión he descubierto que estos seres nos asisten en nuestra búsqueda de respuestas. Estamos siendo guiados. Yo incluso creo que ningún cliente visita mi oficina por casualidad. Todo está arreglado desde arriba, sea que lo sepamos o no. Por lo tanto, considero que es mi deber sagrado el considerar a cada cliente como un caso especialmente asignado a mí por los guías y maestros. Por eso, hago todo lo que puedo durante cada sesión para encontrar aquello que nos proponemos descubrir.

La idea de que estamos guiados se torna especialmente obvia cuando comenzamos el proceso de la regresión a vidas pasadas. Durante la regresión, un poder sagrado ayuda al cliente a elegir la vida que es más relevante para nuestra sesión. Guía al Ser superior del cliente para que elija aquello que posee información beneficiosa y necesaria para desentrañar problemas importantes.

A menudo, cuando entramos al mundo de la vida entre vidas, aparece un guía al cual el cliente le puede hablar y recibir respuestas. A veces el cliente es guiado al Consejo, un grupo de seres sabios que pueden arrojar luz en el progreso del cliente hasta ese punto y que puede, incluso, ofrecer guía y consejo respecto a cómo proceder de ahí en adelante.

No es raro que el cliente comience a hablar sobre su propia vida en la tercera persona, ofreciendo consejos y avisos cuando el cliente penetra a un estado de consciencia superior.

Este consejo es más poderoso que cualquier otro que el terapeuta pudiese dar. Es presentado desde afuera de la cáscara del condicionamiento que envuelve la verdadera identidad de cada persona. Este consejo es transpersonal, o como yo lo llamo a veces, sobre-condicionamiento: fuera del condicionamiento, no está coloreado por las previas impresiones del cliente. Es ofrecido desde fuera del condicionamiento y los límites de esta vida presente.

La filosofía siempre se construye sobre ciertas premisas básicas, ciertos principios fundacionales sobre los cuales construimos nuestro razonamiento. No importa que tan coherentes intentemos ser, en algún momento haremos una elección sobre algo que nos parece más lógico para nosotros y construiremos nuestro caso de ahí en más. En este caso, asumimos que somos un alma y que reencarnamos gobernados por la ley del karma. Los guías y los maestros ascendidos complementan estos principios fundamentales.

Para obtener una mejor sesión, me tomo al menos 20 o 30 minutos para hablarle al cliente justo antes de comenzar la regresión. Esto no sólo tiene la intención de hacer que el cliente se relaje, tome confianza y se habrá a la comunicación, sino que sirve a un propósito mayor y más importante. Con esta charla 'pre-introductoria' ayudo al cliente a eliminar nociones erróneas básicas, superar miedos subconscientes y eliminar bloqueos que pudieran de otro modo aparecer durante la sesión. Esta es una parte crítica de la sesión y es tan importante como la regresión misma.

Uno de los asuntos que encaro durante esta charla es la idea de comunicación sin filtros. Expresarse libremente en un estado de consciencia superior no es tan fácil como parece. No estamos acostumbrados a ello. Es poco común estar preparados para compartir nuestros sentimientos y expresar la verdadera naturaleza de nuestro ser.

Desde nuestra niñez misma se nos puede haber dicho que estemos en silencio. Cuando expresábamos nuestros verdaderos sentimientos probablemente se nos dijo que nos callásemos o que esperásemos nuestro turno, que nos ajustásemos a los demás o hiciésemos lo que se esperaba de nosotros. Tal vez nos era posible expresar libremente nuestros sentimientos con nuestra madre o padre, pero pronto aprendimos que no podíamos hacerlo en la escuela, con los amigos, en la sociedad en general.

Imaginen que están en el trabajo en una reunión,

rodeados de altos miembros y ejecutivos de la compañía. Y que el CEO les pregunta: 'Me gustaría saber qué es lo que realmente piensan sobre este asunto. Por favor, compartan con nosotros sus observaciones intuitivas y los sentimientos de su alma. Valoramos muchísimo lo que sienten y perciben, estoy convencido de que podremos aprender de ello'. ¿Alguna vez sucede semejante cosa? Es muy poco probable. E incluso si alguien preguntase nuestra opinión, muy seguramente sería rápidamente ignorada y recibiríamos consejo en su lugar.

Así que aprendimos a 'adaptarnos'. Filtramos lo que decimos y, eventualmente, luego de años de condicionamiento, hasta filtramos lo que pensamos. Sólo decimos aquellas cosas que consideramos seguras. Esto es mayormente un proceso inconsciente. ¿Pero qué ocurre con nuestros verdaderos sentimientos? ¿Qué pasa con nuestros instintos? ¿Qué hay de nuestra intuición, esa pequeña voz interior? Después de años de represión se han subyugado más de lo que creemos.

Esta expresión personal condicionada aparecerá durante la sesión de regresión a menos que nos hagamos conscientes de este asunto con anticipación. Cuando se nos libera en un estado más allá de esos condicionamientos ambientales y parentales, puede llevarnos un minuto poder darnos permiso para expresarnos con libertad. Lo que ocurre es que simplemente no estamos acostumbrados a ello y nuestro primer instinto, incluso aquí, será filtrar y censurar lo que decimos. Nuestra primera tendencia será decirle al terapeuta sólo lo que pensamos que quiere oír o lo que pensamos adecuado.

Capítulo 6: Vivir Libre

Pero esto no se trata del terapeuta, quien es simplemente un casamentero entre ustedes y la realidad superconsciente. Esto tiene que ver enteramente con ustedes, y todo lo que se refiere a ustedes es importante. Lo que sienten, lo que perciben e intuyen. De hecho, estoy intentando hallar sus verdaderas voces. Estoy tratando de que experimenten y expresen ese lado de ustedes que no está afectado por las condiciones de sus vidas actuales. Para que recuerden, nuevamente, quienes son en realidad y qué vinieron a lograr aquí en la tierra, en esta oportunidad. Esta es meramente una de sus muchas vidas y, cuando incluso tan sólo por un momento realicen esto, encontrarán el coraje de separarse de las viejas capas de condicionamiento que les impiden ser su verdadero auténtico Ser.

Algunas personas están tan condicionadas que tienen miedo de hablar libremente. Yo los ayudo a encontrar esa voz. No hay nada más hermoso que ver a alguien en un estado de consciencia superior liberarse y comenzar a expresarse. Es como si las compuertas se abriesen. Cuando esto ocurre y se escuchan hablar a sí mismos, a menudo sienten cierta duda por la simple razón de que todavía no confían en ellos mismos. Pero, luego de un tiempo, a medida que continúan soltándose, todo comienza a tener sentido.

Hay un tremendo sentido de liberación cuando uno se permite fluir, ser y expresarse libremente. Una sesión de regresión nos eleva por encima de nuestra limitada consciencia diaria hasta una expresión fluida y libre de nosotros mismos. Una consciencia que está empapada con el condicionamiento mundano nos limitará completamente evitando que recordemos quienes somos y quienes siempre hemos sido.

Por detrás de esta densa niebla mental nuestro verdadero y antiguo Ser está brillando.

Cuando aprendemos a conectarnos comenzamos a transformarnos en conductos de lo divino. Esto es mucho más lógico de lo que creemos. Cuando estamos en la consciencia normal Beta, en otras palabras, cuando somos nuestro ser normal y habitual, estamos sumergidos en el papel de la personalidad actual. Es como subir al escenario del teatro y actuar nuestro parte. Mientras permanecemos en el escenario actuamos nuestro rol y no podemos verdaderamente pensar mucho de ninguna otra cosa sin afectar la calidad de la actuación. Del mismo modo, es difícil conectarse a un estado superconsciente hasta tanto no nos desapeguemos de este mundo. Tenemos que bajar del escenario y abandonar al personaje que estamos representando para recordar quienes somos.

La tarea en manos es encontrar una forma de aquietar el ruido de nuestra vida y conectarnos al universo paralelo de nuestra consciencia superior. Ya está aquí. Siempre está presente. Pero estamos sintonizados a una frecuencia diferente. El principio, puede que necesitemos abandonar físicamente el escenario para encontrar un lugar tranquilo donde conectarnos. Pero con la práctica podremos desarrollar la habilidad de permanecer siempre conectados. Es en ese punto cuando nos volvemos un conducto divino. Esto puede manifestarse de formas diferentes según nuestro temperamento y las habilidades que hayamos desarrollado a lo largo de muchas vidas. Incluso si tenemos un trabajo normal, o salimos con amigos y familiares, estas cualidades divinas se manifestarán e influenciarán nuestro medio ambiente.

Durante las sesiones de vida entre vidas encuentro evidencia de este tremendo potencial interno. Jamás deja de maravillarme cuando apenas una hora antes el cliente entra a mi oficina y parece estar viviendo una vida común, para momentos después compartir conmigo tremendos conocimientos espirituales en un estado superconsciente. La pregunta que podríamos hacernos es: ¿cómo es que puedo experimentar estos fenómenos cuando estoy en un estado superconsciente, pero no durante el día cuando estoy trabajando o estoy en casa?

La primera razón obvia es la frecuencia mental que tenemos en ese momento. Pero esto acarrea otra pregunta. ¿Por qué no puedo estar conectado a una frecuencia más elevada todo el tiempo? O, más precisamente: ¿Por qué es que nunca estoy en esa frecuencia? La verdad es que no sé si pueda responder a esa pregunta. Porque para poder hacerlo tendría que responder primero a la pregunta: '¿Por qué estamos en este mundo y cómo fue que comenzó todo esto?' Tendría que comprender por qué surgió este mundo y por qué continúa evolucionando como lo hace.

Podría proveerles elevadas respuestas y teorías filosóficas, algo que me encanta hacer, pero aun eso no respondería realmente a la cuestión de por qué estoy en una consciencia común en este momento. Lo que sí sabemos es que es posible alcanzar un estado superior de consciencia y experimentar un estado superconsciente de iluminación. Así que en lugar de preguntarnos dónde comenzó todo esto, sería más beneficioso descubrir cómo podemos lograr y mantener una conexión superconsciente. Me recuerda una breve anécdota que leí sobre un hombre que entró a una plantación de mangos y comenzó a contar los árboles de mango, luego el número de hojas y de mangos, tomó nota de todo y empezó a escribir una tesis sobre el plantío. Mientras estaba ocupado en eso, un granjero simple y de corazón puro llegó al lugar, arrancó un mango y comenzó a disfrutarlo sentado a la sombra de un enorme árbol de mango.

En algún momento, desearemos romper el ciclo de la interminable ocupación e interrogación de nuestra mente y entrar en un estado de ser más dichoso. Al igual que el granjero que anhelaba un jugoso mango en un día caluroso de verano, nosotros desearemos paz interna y un estado mental iluminado. Por supuesto, nosotros estamos interesados en las grandes cuestiones filosóficas, pero nuestra mayor necesidad es la fruta de la dicha y tranquilidad divina. La filosofía ocupa apenas el segundo lugar después de la experiencia real y, si bien es muy importante como principio de guía, llegará un momento en nuestras vidas cuando desearemos saborear el mango.

La verdadera espiritualidad es una experiencia interna. No es teoría, ni siquiera creer o tener fe, sino un conocimiento interior basado en una experiencia personal real. Hay diferencia entre alguien que estudió el mapa de París, conoce cada callejón, incluso sabe el nombre de las calles y lugares de interés y alguien que realmente visitó París, sintió su atmósfera especial y absorbió su larga historia de las vibraciones de la antigua ciudad y sus catedrales.

Capítulo 6: Vivir Libre

No importa cuánto estudiemos los mapas de París, ni que tengamos fe en la ciudad, nada de eso podrá darnos una verdadera comprensión del espíritu íntimo de Paris. Debemos ir y experimentarlo personalmente.

Así que debemos experimentar la dicha de una consciencia superior por nosotros mismos para poder verdaderamente comprenderla. Es un tema un poco ambiguo. La mayoría de la gente ni siquiera sabe que existe semejante cosa como un estado de consciencia superior, e incluso, si lo supiesen, no logran ver de qué les serviría. ¿Por qué esforzarnos por algo o construir una vida en torno a un fenómeno cuando no vemos qué bien podría traernos? Del mismo modo, la mayoría de nosotros enfatizamos el logro de una vida confortable en el mundo y subordinamos ante esto, e incluso ignoramos, la realización de un estado superconsciente. Pero aquellos que han verdaderamente experimentado ese estado, saben cuán tremendamente dichoso es y cuán maravillosamente inteligente, infinito, libre y consciente uno se siente. Una vez que entramos en contacto con esa realidad comenzamos a ignorar la importancia de la vida mundana y empezamos a subordinarla al logro de este estado de dicha para poder experimentarla todo el tiempo.

Y esto me trae nuevamente a mi pregunta anterior: ¿Cómo podemos mantener ese estado todo el tiempo? Comienza con la construcción de una vida equilibrada. En un capítulo posterior describiremos como los tres pilares de la vida: amor, espiritualidad y seguridad, constituyen la base del logro de un estado superconsciente. Estos pilares son los cimientos sobre los cuales construiremos nuestra superestructura. Esto es de importancia crítica, pues incluso si logramos una vislumbre del estado superconsciente, pero no hemos preparado esta base, no seremos capaces de procesarlo apropiadamente de modo de mantener y sostener un estado mental equilibrado.

¿Qué ocurre después de construir una vida equilibrada? En mi experiencia, tenemos que practicar ciertas disciplinas espirituales para poder progresar más rápidamente que como ocurriría dejando que siga el curso natural de la evolución. Especialmente en nuestra cultura Occidental, este es un concepto nuevo. Estamos familiarizados con la cultura del cuerpo, realizar ejercicios para mantenernos en buena forma y estar saludables. Incluso estamos familiarizados con el cultivo de la mente, estudiar y alcanzar éxito académico. Pero nos resulta totalmente extraña la idea de aplicar esta disciplina a nuestra vida interior y espiritual. Es por eso que debemos mirar hacia el Oriente. Cuando miramos a ciertos aspectos de las prácticas del budismo y el hinduismo védico, por ejemplo, obtenemos una idea más clara de cómo estos grupos han desarrollado una cultura espiritual con prácticas específicas designadas al logro del estado superconsciente.

No estoy para nada sugiriendo que debamos convertirnos en budistas o en hindúes. Sólo estoy señalando algunos elementos culturales y espirituales en esos lugares, de donde podemos obtener cierta inspiración. Creo que es mejor permanecer dentro de nuestra propia identidad cultural, en lugar de desperdiciar valiosa energía adaptándonos a otras culturas, energía que necesitamos

Capítulo 6: Vivir Libre

para progresar. Yo mismo desperdicié mucha energía adaptándome a la cultura hindú cuando viví en India por más de una década. Habría sido mucho mejor si hubiese dedicado esa energía a las prácticas que aprendí allí, aplicándolas dentro de mi propia estructura cultural. Me habría ahorrado la pérdida de mi salud y habría avanzado más rápidamente.

Necesitamos aprender y adquirir conocimiento espiritual. No hay mucho conocimiento aquí en nuestro mundo Occidental sobre lo que tiene que ver con el progreso espiritual. Y con esto me refiero a verdaderas prácticas, diferentes a solamente orar y tener fe. La emergencia de las escuelas de yoga en todas partes es un gran desarrollo, pero en su mayoría, muchas de esas escuelas todavía enfatizan la cultura del cuerpo en vez del desarrollo interno.

Durante una sesión de regresión a la vida entre vidas, oímos a los maestros ascendidos expresando una y otra vez que debemos meditar. Medita, medita, medita, ese es el mensaje. Pocos de nosotros sabemos realmente como meditar. La meditación es una práctica altamente individualizada. No es posible señalar a ninguna práctica específica como siendo superior a otra. Incluso si realmente meditásemos, nos gusta hacerlo en diferentes formas. Es algo que tiene que ver con las diferencias culturales, temperamentales y filosóficas. Permítanme explicarlo por partes: cuando hablo de diferencias culturales, me refiero al marco de nuestro entorno y a nuestra identidad cultural; por ejemplo, una persona puede ser predominantemente cristiana y gustarle meditar rodeada de símbolos cristianos, como podrían ser fotos y estatuas de Jesús y María. Otra persona pude sentirse más a gusto meditando en un santuario personal, lleno de deidades hindúes como Hanuman o la Divina Madre.

Las diferencias temperamentales se refieren a diferencias en el método favorecido para meditar. A algunas personas les gusta meditar mientras se conectan con la naturaleza, como por ejemplo sentándose sobre una roca en la selva o durante una caminata a lo largo de un río. Mientras que otros prefieren un lugar más íntimo y tranquilo donde puedan cerrar las puertas y permanecer enteramente solos.

Por diferencias filosóficas me refiero a la forma de pensar que tenemos sobre Dios y nuestra meta personal. La naturaleza de nuestra meditación depende de qué sea lo que esperemos lograr y con qué deseemos conectarnos. Un cristiano puede querer ver a Jesús y estar con él en la esfera celestial, mientras que un budista o un inspirado filósofo védico puede preferir meditar en un océano infinito de consciencia.

Además de eso, a medida que progresamos, nuestra idea de Dios y de la naturaleza de la realidad cambia y evoluciona. Es un desarrollo ininterrumpido. A medida que ciertas capas de condicionamiento nos son quitadas, comenzamos a percibir las cosas de manera diferente y comprendemos la realidad bajo una nueva luz.

Esto nos conduce a la realización más importante. A través de la meditación y otras prácticas espirituales como los ejercicios respiratorios, purificamos y calmamos nuestra mente. A medida que nuestra mente se torna calma nos

Capítulo 6: Vivir Libre

ayuda a su vez a acercarnos a la realidad superconsciente. Así que sin importar como meditemos, la meta inmediata es limpiar el subconsciente y la mente consciente de las viejas impresiones y condicionamientos. Esto se traducirá en la forma de un cambio inmediato en la percepción de nuestro mundo.

La percepción lo es todo.

Las máscaras de nuestro condicionamiento son lo que nos impide ver y conectarnos con nuestra verdad más elevada. Nuestras propias creencias y hábitos son los que se interponen en nuestro camino. Siendo capaces de elevarnos por encima de este mundo hasta un estado de ser trascendental, aprendemos a liberarnos. Una sesión de vida entre vidas puede ayudarnos con esto y a menudo nos indica que seamos más proactivos en nuestra meditación. Una vez que lo comprendemos y, luego lo practicamos, podemos llegar a un estado de ser que siempre está conectado con la realidad suprema. Al principio nos conectamos con lo que se encuentra aparentemente más allá, luego lo bajamos a nuestro mundo. Sólo parece estar a la distancia cuando no hemos aprendido todavía a conectarnos. Pero una vez que nos conectamos, deja de estar 'más allá'. Se lo experimenta aquí y ahora. En la India se lo llama Jivan Mukta: 'uno que está interiormente libre mientras vive en este mundo'.

Segunda Parte
Los Pilares de una Vida Equilibrada

Segunda Parte: Los Pilares de una Vida Equilibrada

Esta segunda sección describe los tres pilares de una vida significativa: amor, seguridad y espiritualidad. Aprendemos que el propósito de la vida terrena está íntimamente conectado con el propósito de nuestra alma y nuestra naturaleza divina. Una vez que nos tornamos conscientes de la verdadera naturaleza de nuestro Ser, esta realización tiene consecuencias naturales que tienen que ver con cómo comenzaremos a vivir nuestra vida ahora.

Esta sección comparte narraciones de aquellos que se volvieron conscientes de diferentes aspectos de los tres pilares que constituyen el propósito, y cómo este conocimiento impactó el resto de sus vidas. Descubrimos que hay dos niveles de propósito: uno terreno y uno divino. Y que el propósito terrenal sólo se vuelve claro una vez que comprendemos nuestro propósito divino. Es sólo comprendiendo la naturaleza divina de nuestro Ser, que podemos comenzar a encontrarle sentido a lo que tenemos que hacer aquí en esta vida y cómo lograrlo.

Capítulo 7
Viviendo la Vida Iluminada

Ustedes bien podrían preguntarse si, luego de conducir muchas regresiones de vida entre vidas, he podido observar objetivos consistentes que parezcan repetirse durante estas sesiones. La respuesta a esa pregunta es un simple sí. Yo divido estos objetivos en dos categorías principales. La primera es las instrucciones de los guías o del Ser superior del cliente. Estas instrucciones tienen la finalidad de recordarle al cliente que esté más consciente de la naturaleza impermanente de este mundo y mantenerse más enfocado en realizar una conexión con esa realidad superior para no adherirse tanto a esta existencia temporal. La mayoría de los capítulos de la primera sesión de este libro resaltan ese objetivo.

Capítulo 7: Viviendo la Vida Iluminada

La segunda categoría consiste de instrucciones específicas sobre cómo vivir una vida exitosa aquí en la tierra. El éxito aquí no se mide solamente por la primera categoría, esto es, hacer una conexión con el Ser superior, sino también viviendo una vida en el aquí y ahora que sea verdaderamente iluminada. Entre estas instrucciones de vida, he identificado tres sub-objetivos principales que se repiten, apareciendo ya sea separadamente o en conjunto. Estas son amor, seguridad y espiritualidad.

Debajo he diseñado un triángulo con los objetivos en cada ángulo. Cada objetivo constituye un pilar o piedra fundacional de la vida. La idea detrás este triángulo es que no sólo cada pilar es importante de por sí, sino que la sinergia entre los tres es lo que da existencia a una vida iluminada. La suma se vuelve más que las partes.

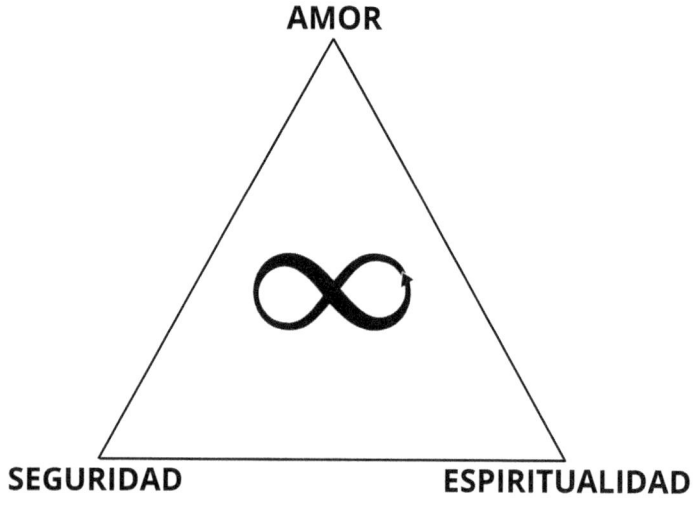

Permítanme explayarme en cada pilar separadamente, y luego miraremos a cada pilar en relación con los otros para comprender qué tiene esto que ver con vivir una vida iluminada.

AMOR

Todos queremos y necesitamos amor. Este es un objetivo prominente cuando los clientes vienen a verme para una sesión de vida entre vidas. Reconectarnos con personas amadas después de su fallecimiento, buscar un alma gemela, tratar de comprender la compleja interconexión kármica entre las almas, estos son todos temas que tienen que ver con el amor y nos atañen profundamente. Resulta bastante obvio que el amor sea uno de los pilares para una vida feliz. Al parecer, lo que todos estamos buscando no es sólo cultivar una disposición cariñosa, sino que por encima de todo tratamos de conectarnos íntimamente con otra alma. En el mundo de la vida entre vidas, donde no estamos conectados a un cuerpo ni a las circunstancias mundanas, el alma anhela reconectarse con un alma gemela, un grupo de almas, un guía o una consciencia superior. Cualquiera sea la cosa con la que deseemos conectarnos, siempre se trata de algún tipo de energía amorosa.

Es posible que en nuestra búsqueda de conexiones significativas aquí en la tierra, tengamos una memoria subconsciente profundamente arraigada de nuestras conexiones de amor puro del estado entre vidas y queramos experimentarlo aquí. El problema al que nos enfrentamos en la tierra es que el estado corpóreo constituye un obstáculo para la experiencia de estas formas elevadas de amor divino. Es difícil simplemente

Capítulo 7: Viviendo la Vida Iluminada

amar, porque tenemos que pagar los impuestos, pagar el alquiler o la hipoteca, lidiar con otra gente y una infinidad de circunstancias cambiantes. Estas condiciones nos alejan de nuestro centro y nos empujan en un millón de direcciones diferentes, a menudo conduciéndonos a sucesos para nada amables. Intentar simplemente amar, ignorando al mundo que nos rodea es un concepto noble y elevado, pero muy difícil de lograr. Estamos íntimamente conectados con la gente y las circunstancias a nuestro alrededor y, a menos que tengamos una visión clara respecto a la forma en la que nos correspondemos y encajamos en el gran esquema de las cosas, tendremos que luchar para mantener una disposición amable y serena. El mundo a nuestro alrededor tiende a alejarnos de nuestro intento de amar.

Permítanme que les dé un ejemplo. Supongamos que ustedes son jóvenes y están profundamente enamorados. Se sienten benditos de haber encontrado al compañero o compañera de sus vidas. La vida parece hermosa y sienten como si pudiesen conquistar el mundo. Todo es brillante e inmaculado. Durante un tiempo todo parece ir de maravillas entre ustedes y su ser amado, hasta que un día desean vivir realmente juntos. Hasta ese punto ustedes no tenían que cuidar a nadie y dormían en el sótano de la casa paterna o en el sofá de un amigo. No necesitaban trabajar demasiado y sus necesidades eran pocas. Pero ahora que tienen una pareja y ambos necesitan un techo sobre sus cabezas las necesidades aumentaron. Necesitan más dinero. Las cosas tienen que cambiar. Su estilo de vida necesita cambiar. Necesitan trabajar más horas y llegan a casa cansados. Ya no pueden pasar tantos momentos felices juntos, despreocupados del mundo como lo estaban mientras eran novios. La realidad se ha manifestado. La falta de cosas básicas se vuelve una fuente constante de estrés, no sólo para ustedes personalmente, sino que también para la relación de la pareja. Parece limitar sus planes para el futuro. Habían planeado viajar juntos, pasar tiempo juntos, sentarse en la playa juntos, pero todo lo que ahora hacen es trabajar. La necesidad de independencia financiera y de seguridad ha puesto en riesgo su amor.

Así que también el amor, incluso el amor más dulce y fuerte se ve comprometido por la necesidad de suficiencia financiera y seguridad. Necesitamos sentirnos a salvo y seguros y necesitamos dinero. Cuando nos sintamos a salvo y seguros, será mucho más fácil expresar el amor más libremente.

SEGURIDAD

Sí, es obvio que para poder sentirnos seguros y a salvo necesitamos dinero. Todos parecen luchar para obtenerlo. Sin embargo, hay unas pocas personas que tienen una relación saludable con el dinero. Para sentirnos seguros y a salvo el dinero se volvió una meta en sí mismo. Incluso hasta medimos el éxito en términos monetarios. Pensamos que cuanto más dinero tengamos mayor será nuestro éxito. De hecho, dedicamos una parte tan grande de nuestra energía diaria al logro del dinero que casi no nos queda vida para otra cosa. Como dijo un gran hombre que conocí: "Gastamos nuestras vidas preparando nuestra cama, pero nadie duerme en ella".

Capítulo 7: Viviendo la Vida Iluminada

Gastamos una cantidad desproporcionada de tiempo y energía trabajando. La cuestión es ¿por qué?

Hemos olvidado nuestro verdadero propósito. Vivir una vida material confortable parece haberse transformado en nuestra meta. No sólo comodidad, al parecer buscamos un nivel siempre creciente de confort. No es suficiente con tener una casa meramente agradable, un auto que nos lleve del punto A al B, sino que necesitamos una mansión lujosa y el mejor auto. No estamos conscientes de que todo esto viene con un costo. Más trabajo, más horas perdidas. Más tiempo separado de los que amamos.

Armamos nuestra vida para poder estar juntos, pasar tiempo juntos, disfrutar de nuestra mutua y cariñosa compañía, pero ahora, para poder sostener ese ideal necesitamos trabajar, más dura y prolongadamente.

Hay muchísima gente que tuvo éxito en hacer dinero. El motivo fue, bueno, voy a trabajar mucho ahora de modo de tener tiempo para vivir más adelante. Pero al final de sus carreras sólo lograron encontrarse completamente alejados de sus seres amados. Lo que tuvieron que hacer para poder obtener dinero fue contraproducente para el cultivo de una disposición interior amable. ¿Es eso lo que llamamos éxito?

Otros, que han ignorado todo esfuerzo por adquirir independencia económica, también están pagando un alto precio; preocupados y ansiosos, desgastando las relaciones amorosas en el proceso, sin tener el tiempo o la habilidad de buscar algo de interés más elevado.

¿Existe un sendero medio? ¿Cómo podemos solucionar nuestra necesidad de estar seguros y a salvo dentro del contexto del amor y la espiritualidad, en medio de las obligaciones, los compromisos y la familia? Para arribar a una senda intermedia necesitamos establecer una visión de cómo sería nuestra vida si fortalecemos todos los pilares. El dinero es útil sólo hasta donde nos permite disponer de tiempo para estar con los seres amados, o cuando tenemos tiempo y energía extra para crear una situación personal y familiar acorde con nuestras mayores aspiraciones espirituales. Cuando estamos a salvo y hemos alcanzado un nivel razonable de bienestar y seguridad, esforzarnos por más seguridad no agregará nada a nuestra vida. En ocasiones, se desarrolla una relación interna enfermiza entre el significado de sentirnos seguros versus una cierta necesidad de hacer más dinero. Lo que una vez se suponía iba a hacernos sentir seguros y a salvo, o sea, hacer dinero, ahora se ha transformado en una meta de por sí. No por el logro de seguridad (porque eso ya lo logramos), sino que ahora es para buscar mayor entretenimiento y diversión. En el momento que hacemos del dinero una meta o un requerimiento de por sí, fuera del contexto de los otros dos pilares de la vida, perdemos de vista el gran propósito que estamos tratando de crear para nosotros y nuestra familia.

Lo que es importante es reevaluar lo que verdaderamente necesitamos a nivel individual o en el contexto de nuestras relaciones. Un gran ejemplo es el creciente interés que ha surgido en las pequeñas casas. Las familias jóvenes se están rehusando a solicitar hipotecas que duran 30 años. Prefieren trabajar menos y pasar más tiempo con sus familias o viajar, valorando la libertad por encima de la comodidad. Tienen que sacrificar vivir en una casa grande, pero como compensación disfrutan de una vida libre de presiones financieras e interminables horas de trabajo. Estamos tan seguros y a salvo en una casa pequeña como en una mansión de 400 metros cuadrados. Tal vez incluso más seguros, pues no tendremos una hipoteca exorbitante, controlada por un banco que en realidad no se interesa por nosotros. Querer esa casa enorme ya no es más una cuestión de satisfacer las necesidades básicas de seguridad y protección, ahora se trata de un deseo por más placeres, prestigio y confort. La pregunta que debemos hacernos es: ¿Cómo este sacrificio, este precio que hay que pagar, me conduce a mi visión? ¿Le agrega algo a mi paz y equilibrio interior o le está quitando? Mirando a la relación entre los tres pilares y cuánto tiempo y energía gastamos en cada pilar individual, a costa de los otros, puede ayudarnos a tomar esa determinación. El verdadero éxito consiste en encontrar ese balance perfecto.

ESPIRITUALIDAD

El tercer pilar es la espiritualidad. Conectarse con el espíritu dentro de nosotros y con la consciencia espiritual que nos rodea. Una y otra vez, durante las sesiones de vida entre vidas, oímos decir a las consciencias guías que necesitamos recordar quienes somos realmente. Que no somos este cuerpo o esta persona que creemos ser en este momento. Hemos vivido muchas vidas antes. Ésta es simplemente otra. Se nos recuerda que despertemos al hecho de que incluso mientras estamos en esta tierra es posible recordar, tornarnos conscientes de nuestra identidad divina.

Esto tiene enormes implicaciones. Si pensamos al respecto, con esta clase de consciencia, aprendemos a despertar a la realización de que esta tierra no es nuestro único hogar. Aprendemos a apartarnos del miedo. La raíz del miedo es el mecanismo reptiliano de supervivencia desencadenado, tratando de sobrevivir en este planeta. Es un instinto profundamente arraigado que nosotros los humanos hemos heredado a través de miles de años de intentar sobrevivir en ambientes hostiles. Pero pertenece al cuerpo humano. El constante esfuerzo por logros materiales es una extensión de este miedo primordial por sobrevivir. Es instintivo. Pero carece de inteligencia. Porque, ¿qué constituye la supervivencia? ¿Cuánto es suficiente?

Desde un punto de vista puramente afín a la supervivencia llega un punto cuando ya no necesitamos más realmente. Una vez que las básicas necesidades humanas fueron satisfechas ya estamos lo suficientemente a salvo. Tener dos autos o cinco casas no nos pone más a salvo. No contribuye a aumentar el nivel de seguridad.

Es necesario que haya un balance entre la cantidad de tiempo y energía que le dedicamos a la búsqueda de la riqueza. Necesita estar en proporción a la cantidad de tiempo y energía que le dedicamos a nuestros seres queridos y a nuestra vida interna. Todo exceso en cualquier dirección nos robará la energía que se requiere para mantener los otros aspectos, comprometiendo de ese modo el balance que es necesario para vivir una vida iluminada.

Hay un concepto interesante acerca de la felicidad que propone la existencia de diferentes niveles de felicidad. El primer paso es apartarse del antiguo paradigma de que más es mejor. Cambiar este paradigma nos permite permanecer abiertos para buscar otras opciones y niveles de felicidad. Comprendiendo estos niveles, podemos elevar nuestra consciencia sistemáticamente desde lo mundano a lo divino. Cuánto más nos elevemos en la escala de la felicidad, más seremos capaces de mantener el balance entre los tres pilares de la vida.

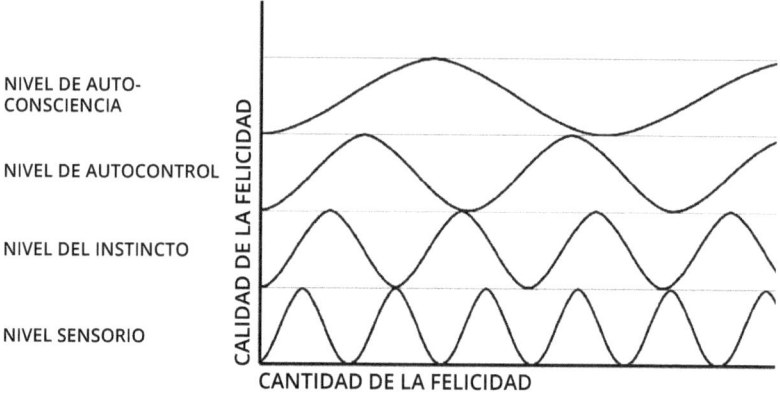

Este concepto propone dos aspectos diferentes de la felicidad. En esta imagen, la barra vertical indica la calidad de la felicidad. La barra horizontal se refiere a la cantidad de la felicidad. Un movimiento a lo largo de la línea horizontal simplemente significa que yo meramente acumulo más y hay un aumento cuantitativo de la felicidad. Pero eso no necesariamente significa que voy a tener una mayor experiencia cualitativa de la vida. El error paradigmático es pensar que si yo tengo más de algo voy a ser más feliz.

Puedo comer un trozo de chocolate y la cualidad innata del chocolate sólo me dará una cierta cantidad de placer, una cierta cantidad de felicidad. Si comiera dos trozos de chocolate no voy a aumentar la calidad de la felicidad.

Lo que hago es crear una duplicación de un cierto nivel de felicidad. En este caso, comer un trozo de chocolate genera una onda pequeña. Comer otro trozo crea una segunda onda. Si como diez trozos de chocolate, tengo diez ondas. La calidad innata no se mejora. Eso explica por qué un billonario todavía sigue queriendo más. Primero compra un yate de cuatro metros, luego compra otro de 15 metros, después compra otro yate de 30 metros y aun así continúa insatisfecho. De ese modo no aumenta la calidad de la felicidad. Está acumulando y consumiendo, pero permanece inconsciente de la posibilidad de aumentar la consciencia, que básicamente significa elevarse a lo largo de la línea vertical para aumentar la cualidad de la felicidad.

¿Por qué vemos un número cada vez mayor de gente interesada en cosas como yoga, meditación y mindfulness? Tal vez estemos volviéndonos más conscientes del hecho de que aunque podemos tener todo lo que al parecer necesitamos, aun no somos felices. Cuando acumulamos estamos meramente aumentando la cantidad de felicidad. No producimos ningún aumento en su cualidad.

Cosas como la música, el arte y la lectura son de naturaleza intelectual y elevan la mente. Cuando leemos un buen libro, miramos una buena película o si somos pianistas y tocamos una hermosa sonata en el piano, la mente es capaz de permanecer en un estado feliz durante mayor tiempo que cuando comemos un trozo de chocolate. Si comemos un trozo de chocolate la satisfacción dura sólo cinco segundos. Cualquier experiencia sensual, por más excitante que sea, dura sólo un breve tiempo. Pueden ver en el diagrama que la onda de placer sensorio es muy corta, mientras que la onda de placer intelectual es mucho más larga.

Es una onda más alta y también más larga. Alguien que tiene un mayor conocimiento intelectual está en un plano evolutivo más elevado que alguien que meramente disfruta satisfaciendo los sentidos. Aquellos que no pueden elevarse por encima de los sentidos se enfocan en la gratificación sensual y sexual, la procreación y la comida. Eso es todo lo que les interesa. No son capaces ni están interesados en concebir que haya algo más en la vida.

El hombre de intelecto tiene también una capacidad de sufrir relativamente superior. Así como su mente se eleva mucho más, puede también descender más profundo. Los relativos ascensos y descensos son mucho más altos para las personas sofisticadas que para quienes se orientan hacia los sentidos. El alma sensual sólo sube y baja dentro del rango de los sentidos, tal como indica la onda del diagrama. La intelectual puede ascender y descender mucho más lejos. Resulta irónico que a medida que nos tornamos más cultos, las relativas subidas y declives de la mente también se tornan más pronunciados.

El nivel de autocontrol es mayor en individuos intelectualmente cultivados, porque este es un estado de desarrollo donde, hasta cierto punto, los sentidos se encuentran bajo control. No somos movidos por impulsos sensuales. Disponemos de capacidades intelectuales para comprender conceptos abstractos y las consecuencias de nuestras acciones. En este nivel existe la comprensión de que si permitimos a los sentidos que corran desbocados nada será jamás logrado.

El autocontrol es un concepto interesante. Cuando logramos un nivel natural de autocontrol las ondas de la mente comienzan a detenerse en forma natural. Nos volvemos calmos. Autocontrol no significa suprimir o negar a los sentidos.

Significa que podemos manejar nuestros sentidos. No quiere decir que debamos ser abstinentes o vivir como un monje. Por el contrario, significa que somos capaces de hacer las cosas de un modo equilibrado y natural. Aprendemos a escuchar al cuerpo. Comemos sólo cuando tenemos hambre. Hacemos el amor cuando queremos, pero sin sentirnos forzados. No estamos a la merced de los sentidos. Las personas sensuales son esclavas de los sentidos. El autocontrol está presente allí donde uno puede usar los sentidos pero sin ser dominado por ellos.

Cuando ganamos un autocontrol natural, sin la necesidad de represión o sin estar gobernados por los sentidos, nos estamos volviendo equilibrados. Una cierta paz comienza a desarrollarse. Tal como podemos ver en el diagrama, este nivel se caracteriza por una onda mucho más larga. La onda esta también arriba en la escala de la felicidad cualitativa porque la mente se encuentra naturalmente más calma.

Algo interiormente profundo comienza a desarrollarse. Es como si un poder que yace en nuestro interior comenzase a manifestarse. La paz no proviene del exterior. Una mente controlada es una mente siempre más calma. Aquellos que son dueños de sí mismos son calmos, recogidos, racional y emocionalmente balanceados. Este equilibrio permite la manifestación de luz interior, de un poder interno.

Capítulo 7: Viviendo la Vida Iluminada

En este nivel hay cierta alegría que comienza a tener lugar en la persona de autocontrol y proviene del interior. El placer sensorio siempre requiere la presencia de un objeto de gratificación, ya sea un trozo de chocolate u otra persona de la que deseemos gozar. El gozo intelectual también necesita una constante ocupación con algo intelectual. Alguien autocontrolado comenzará a encontrar paz surgiendo desde el interior y que no requiere una fuente externa. Cuando estamos en paz y balanceados tenemos menos deseos. Existe un nivel de autocontrol donde pasamos por momentos en los cuales nos sentimos simplemente tranquilos, sin necesidades o deseos. Simplemente nos sentimos bien. Se requiere equilibrio para no sentirse impulsado y forzado a una acción perpetua debido a la atracción de los sentidos o del intelecto.

La mente se mueve hacia un nivel de conocimiento personal muy elevado durante este nivel de autoconsciencia. Mirando al diagrama vemos que la autoconciencia se caracteriza por una onda muy alta y larga. La gente que es autoconsciente se encuentra en el borde de un despertar total. Todo en sus vidas se encuentra bajo control y está balanceado. Si miramos a nuestro alrededor veremos que la gente que está más despierta es más cuidadosa. Los que tienen un autocontrol natural están conscientes de lo que comen, los medicamentos que usan y la compañía que eligen. Están conscientes del ambiente, de las otras personas y demuestran empatía y amabilidad. Este nivel ni siquiera se caracterizaría por la presencia de ondas, sino que sería una simple línea horizontal. Completa ecuanimidad de ser; un estado más allá de la mente.

Para ascender en nuestra consciencia, todos los niveles inferiores necesitan ser controlados. Necesita haber autocontrol sobre los sentidos al igual que desarrollo de la capacidad intelectual. Como resultado del dominio de estos dos niveles iniciales, comenzamos a tornarnos muy autoconscientes. Las personas autoconscientes son naturalmente más felices. Una mente infeliz es una mente arrastrada hacia abajo por hábitos descontrolados. La mayoría de nuestros problemas son causados por esta falta de autocontrol. Los problemas con el alcohol, fumar, drogas, malhumor, medicación o dietas están acompañados de infelicidad. Aquellos que son autoconscientes y cuya vida se encuentra plenamente bajo control serán más felices pues sus ondas mentales son muy suaves y experimentan una consciencia más elevada.

En el presente, alguien que está consciente y más despierto está cargado con una increíble cantidad de conocimiento, amor, conexión y comprensión. Las personas despiertas son más felices y viven con un rango más expandido de emociones, comprensión y estados mentales. Los despiertos experimentan una realidad diferente a la que experimenta quien no lo está.

Imaginen lo que ocurre cuando yo los llamo con mi teléfono celular. Cuando digito el número, mi teléfono es arreglado a una cierta frecuencia, la cual es enviada a la torre de reproducción para a su vez ser enviada a ustedes. Cuando ustedes responden se abren a mi señal y yo me abro también a la de ustedes. Mi frecuencia es enviada a la torre que, en pequeña medida, influencia las frecuencias a mi alrededor. Comunicándome con ustedes me abro a sus señales.

Capítulo 7: Viviendo la Vida Iluminada

De modo similar, cada pensamiento que enviamos hacia el mundo que nos rodea, afecta al mundo entero. Es como una frecuencia de radio. Si emito mis pensamientos a una frecuencia particular, al igual que en caso de las ondas de radio, todos los que se encuentren en esa frecuencia podrán recibir mis transmisiones.

Cuando nuestras mentes están a una cierta frecuencia y el mundo transmite a una frecuencia similar, nuestras mentes la reciben.

Mi mente subconsciente es ese transmisor de frecuencias y basado en los condicionamientos y el estado de mi mente, transmito una frecuencia mental específica. Hoy sabemos que noventa y tres por ciento de todas las comunicaciones no son habladas. Tal vez no estemos conscientes de que nuestro lenguaje corporal, la entonación de nuestra voz y la energía que proyectamos al exterior está afectando al mundo que nos rodea. Pero la gente capta estas señales de frecuencia. Gravitamos hacia la gente que tiene la misma señal de frecuencia que nosotros transmitimos. Si para obtener información se necesitan dos señales que estén mutuamente en sintonía y deseo escuchar a una estación de radio en particular, necesito sintonizar la frecuencia exacta que se está emitiendo. Similarmente, atraeremos a toda la gente, todas las cosas y todas las oportunidades que resuenan con mi frecuencia.

Por eso es que cierta clase de gente siempre atrae mala compañía y es también por eso que otros parecen tener suerte siempre. Por eso hay personas que encuentran el amor o se vuelven ricos y otros no. Sus mentes subconscientes operan como un teléfono celular.

El tremendo secreto es que aquello que emitimos y transmitimos es también enviado a nosotros de regreso, como la torre que se comunica con nosotros a través de la frecuencia a la que nos abrimos. En nuestra práctica, nosotros ayudamos a la gente a reconectar su mente subconsciente a lo que sea que deseen.

Esto es un concepto fenomenal, porque si hay malas cosas que están ocurriéndonos y hay energía negativa viniendo hacia nosotros, tenemos que comprender que esto es debido a la frecuencia negativa que está siendo emitida al exterior por nuestra mente.

Nada nos viene a menos que estemos en sintonía con ello. Una estación de radio que transmite a una frecuencia diferente a la que nosotros estamos sintonizados no puede aparecer en nuestra radio. No oiremos el programa a menos que sintonicemos a la frecuencia correcta. Estas fuerzas entrantes y salientes son sintonizadas en forma natural. Es un concepto científico el hecho de que lo que recibo del mundo a mi alrededor está en la misma frecuencia en la que yo transmito.

Lao-Tse, por lo tanto, nos recuerda lo siguiente: "Vigila tus pensamientos pues ellos se vuelven palabras. Vigila tus palabras pues ellas se vuelven acciones. Vigila tus acciones pues ellas se vuelven hábitos. Vigila tus hábitos pues ellos se transforman en carácter. Vigila tu carácter pues él se vuelve tu destino". Esta sabiduría es eterna.

John Tettemer, en su libro "Yo fui monje" hace una hermosa descripción de la experiencia del despertar de la consciencia: "Imaginemos que una de las células de mi cuerpo despertase repentinamente saliendo de su

Capítulo 7: Viviendo la Vida Iluminada

pequeña consciencia común, ocupada con las funciones y las actividades de su existencia, y fuese elevada hasta la consciencia de mi propio ser. Estaría perpleja por la extrañez de esta vida más basta: llegaría a saber que lo que eran misterios increíbles en su vida más pequeña tenían una explicación perfectamente natural una vez vistos desde esta perspectiva más amplia; se sonreiría de todos los sistemas que había construido para explicar esa vida y el mundo que la rodeaba, considerándolos irremediablemente ingenuos y basados en su muy limitada experiencia.

"Al retornar a su estado común de consciencia, no se expresaría en los términos que había alcanzado durante su elevado vuelo a reinos más elevados, pero sabría, de ahí en más, que hay una vida superior donde su pequeña existencia encaja, y que es sólo en los términos de esa vida que su vida individual puede ser comprendida. Jamás volvería a intentar explicar la realidad en términos referentes a sí misma. Traería consigo el concepto de una gran unidad en toda la aparente confusión y separación de su anterior experiencia. Y la sensación más extraña de todas sería el comienzo de la realización de que el concepto más fundamental de su pequeña consciencia – que le hacía decirse a sí misma: 'Soy, vivo, actúo' – era un error causado por la consciencia de las actividades que ocurrían dentro de su organismo. Gracias a su vuelo perdería este sentido del 'yo', y ahora comprendería lo que era – una ficción, una fantasía, creada por su propia mente, siendo la causa y el hacedor de todo lo que ocurría en su interior. Ahora sabría que no hay un 'yo' separado, pero que esa vida más basta vivía en él y a través de él. Reconocería este sentido de 'yo' como la fuente de todas sus infelicidades personales pues había elegido vivir en términos de sí misma y no en términos de esa vida más basta desde donde, como un centro, todas las cosas ocurrían. Tal vez concebiría a esta otra vida momentáneamente experimentada como a su Dios, y sentiría que el pico de toda sabiduría sería entregar este erróneo concepto de 'yo' y decir: 'No se haga mi voluntad, sino la Tuya'. Si todavía se animase a confiar en sí misma para dar expresión a esta experiencia en una fórmula, como era su antigua costumbre, debería decir: 'Dios es, yo no'. O en momentos de exaltados sentimientos gritaría en voz alta: 'Vivo, y sin embargo no soy yo, sino Dios que vive en me'.

Para concluir este capítulo, cuando hablamos de seguridad, amor y espiritualidad como una fuerza sinérgica que cuando está en equilibrio es clave para vivir una vida iluminada, tenemos entonces una fórmula para la felicidad. Investigando cuál de estos pilares está desequilibrado, algunas veces uno de ellos se encuentra sobre-enfatizado, mientras que otras, alguno está falto de estímulo, comenzamos a tornarnos conscientes de qué clase de frecuencia estamos emitiendo.

Tal vez usemos demasiada energía acumulando riquezas a costa del amor y la paz interior. Es posible que aún estemos bajo la ilusión de que más es mejor. O quizás podamos amar y sentirnos seguros y a salvo, pero a pesar de ello todavía sentimos una sensación de insatisfacción. Tal vez no estábamos conscientes de que hay distintos niveles de satisfacción y de que ya es hora de ponernos en sintonía con los más elevados aspectos de la vida y del Ser. Pudimos haber estado bajo la ilusión de que una vez que el amor y la seguridad fuesen logrados, seríamos felices en forma automática, sólo para descubrir que eso no es cierto.

Cada vez que nos sentimos indispuestos, como si hubiese algo en nuestras vidas que no anda bien, todo lo que necesitamos hacer es mirar a los tres pilares de la vida. Estos nos mostrarán qué aspectos de nuestra vida necesitamos trabajar. Invariablemente, uno o más de estos pilares está demasiado o pobremente estimulado.

Es muy raro encontrar a alguien que haya alcanzado un balance perfecto entre los tres pilares. Un alma así es verdaderamente libre, interna y externamente. En un alma así de iluminada encontramos un balance perfecto entre una vida en el mundo, libre e independiente, y un elevado estado de consciencia conectado a las frecuencias más altas de este universo y más allá. Semejante alma puede hacer ambas cosas; abrazar la vida por entero, al igual que trascenderla.

Hay un dicho muy hermoso: "La abeja vino a degustar la miel, pero se quedó pegada al pote". El arte consiste en ser capaz de disfrutar y abrazar la vida, pero requiere un balance interior perfecto y un sentido de autoconsciencia grandemente desarrollado para no ser devorado por ello. Cuando aprendemos a fortalecer por igual a los pilares de seguridad, amor y consciencia espiritual, podemos saborear la miel sin pegarnos al mundo y siendo capaces de mantener nuestras mentes en sintonía con las más elevadas aspiraciones de nuestra alma. Esa es una vida bien vivida. Eso es verdadero éxito.

Segunda Parte: Los Pilares de una Vida Equilibrada

Capítulo 8
El Propósito Más Elevado del Dolor y la Pérdida

Este capítulo tiene que ver con el pilar del amor y de cómo una pérdida de amor arrojó a esta persona en un estado de desequilibrio. Se trata de su intento por encontrarse a sí misma una vez más y recuperar su estado interior de amor y balance. Esta es la narración de Emily, una enfermera registrada de 54 años de edad, quien viajó una gran distancia desde Indiana para verme en mi oficina ubicada en Asheville, NC. En su cuestionario previo a la sesión, ella describió su lucha con la pérdida de su esposo, el dolor y el intento de encontrar sentido a todo lo ocurrido. Esto es lo que escribió: "Solicité una experiencia de vida entre vidas para que me ayude a encontrarme y definirme. Me siento inquieta y siento que camino en

Capítulo 8: El Propósito Más Elevado del Dolor y la Pérdida

círculos… El impulso por saber más se tornó demandante luego de la muerte de mi esposo hace ocho años y medio. Lo que comenzó como un viaje para encontrarlo a él se volvió una travesía para encontrarme a mí misma. Esta travesía me enseño mucho sobre mí misma pero me dejó con más interrogantes que respuestas y con la necesidad de responderlas. En esta etapa de mi vida ya no estoy segura de qué se supone que deba hacer. Sólo sé que tengo esta molesta necesidad de encontrar algo, lo cual me lleva a creer que no estoy logrando mi propósito en este punto".

Este capítulo destacará cómo un viaje hacia atrás en el tiempo hasta un nacimiento anterior, y un posterior viaje de regresión a la vida entre vidas, la ayudó a comprender mejor por qué experimentó esta pérdida. Además, ofreció una visión mucho más clara de cómo ella debería tomar esta pérdida y proseguir en una nueva dirección, algo que hasta este punto en su vida le resultaba inimaginable. La ayuda que recibió durante la sesión de vida entre vidas, de parte de su guía y de un grupo de elevados seres iluminados que le ofrecieron asistencia y consejo, fue particularmente inspiradora.

La pérdida es algo que todos tendremos que experimentar tarde o temprano. Hay múltiples aspectos respecto a la pérdida de un ser amado que lo hacen algo tan difícil. No sólo enfrentamos la pérdida en sí, sino que hay mucho más en relación, y son las preguntas de 'por qué'. ¿Por qué está ocurriendo esto, por qué ahora, por qué de este modo, qué significa todo esto? La realidad a la que nos enfrentamos, y que a menudo es puesta a un lado luego de que muere un ser querido, es que el apoyo y la ayuda que recibíamos en la vida de parte de ese ser nos han sido quitados. Tal como esta clienta misma me escribió:

"Luego de perder a mi esposo comprendí que, no sólo lo extrañaba a él, sino también al apoyo que le daba a mis debilidades personales. Cuando perdemos a alguien, no sólo nos enfrentamos a la pérdida de ese ser, sino a nuestras propias debilidades que confiábamos en otro para superarlas, ahora debemos enfrentarnos a ambas".

Mi esperanza es que al compartir este caso no sólo pueda transmitirles una mayor comprensión sino también un cierto grado de alivio, sabiendo que hay un poder más elevado y un bien superior que están con nosotros, cuidándonos y ayudándonos a crecer.

La historia comienza con Emily viajando hacia atrás en el tiempo, a Europa, alrededor del año 1750, donde ella se describió a sí misma como un mujer joven sirviendo a una familia adinerada. Era una persona feliz que estaba contenta con su vida, feliz de poder servir. Luego de describir esa fase interesante, aunque sin incidentes importantes, de su vida, la hice avanzar en el tiempo hasta un evento relevante.

P: ¿Qué está ocurriendo ahora?

Emily: La veo sentada en una habitación.

Interesantemente, durante toda esta regresión a su vida pasada, ella describe los eventos de su propio pasado en la tercera persona, como un testigo. Esto no es enteramente inusual, pero la mayoría de la gente 'entra' en la experiencia. Como terapeuta de regresión, cuando encuentro un evento traumático puedo usar este proceso

Capítulo 8: El Propósito Más Elevado del Dolor y la Pérdida

de 'elevarse por encima de él' como medida para tener una visión más desapegada de la experiencia en cuestión. Generalmente no es algo que el cliente comience de por sí, sino algo que el terapeuta puede sugerir. Ella continúa las descripciones de su vida en una forma muy prosaica y desapegada.

Emily: En un escritorio. Pelo gris, sal y pimienta. Es un escritorio desplegable. Ella está en un dormitorio, su dormitorio.

Cuidadosamente, intento ver si puedo lograr que ella 'penetre' en la experiencia como ella misma, pero continúa describiendo los eventos en la tercera persona.

P: ¿Qué estás haciendo en tu dormitorio?

Emily: Está escribiendo.

P: ¿Qué está escribiendo?

Emily: Parece que está triste. Hubo una muerte.

P: ¿Puedes contarme al respecto?

Emily: No estoy segura de quién.

P: ¿Se trata de un ambiente familiar? ¿De quién es la casa?

Emily: Es de ella. Creo que perdió a su esposo.

P: ¿Cuántos años tiene ella?

Emily: Cincuenta.

P: ¿Tienes hijos?

Emily: Unas cuantas niñas.

P: ¿Están cerca?

Segunda Parte: Los Pilares de una Vida Equilibrada

Emily: Están cerca, en la ciudad.

P: Si puedes percibir la esencia de lo que ella está escribiendo, ¿qué podrías decirme al respecto?

Emily: Está decidiendo un negocio.

Es algo normal durante la regresión a vidas pasadas (aunque no necesariamente durante la regresión a la vida entre vidas, donde las almas se encuentran más libres y a menudo más conversadoras) que el cliente responda en sentencias sucintas y breves. El cliente está profundamente sumergido en la experiencia y está también asumiendo las características de la persona viviendo en ese momento. Aunque pueda ser un poco generalizador, he visto que la gente de tiempos muy remotos no era tan conversadora como las de hoy. Una voz lenta y suave es también característica e indicativa de alguien absorto en un profundo estado zeta.

P: ¿Qué tipo de negocio?

Emily: El de su esposo.

P: ¿Ella tiene que ocuparse de esos asuntos ahora?

Emily: Sí.

P: ¿Qué es lo que hace en su vida diaria?

Emily: Existe simplemente.

P: Ayúdame a comprender. ¿A qué te refieres?

Emily: Ella disolvió el negocio. Un negocio de embarcaciones.

P: ¿Ese negocio de embarcaciones era de su esposo?

Emily: Sí.

Capítulo 8: El Propósito Más Elevado del Dolor y la Pérdida

P: ¿Cómo le va financieramente?

Emily: Bien.

P: ¿Por qué está disolviendo el negocio?

Emily: Ella no puede manejarlo sola. Está siguiendo las instrucciones del marido.

P: ¿Cómo se siente al respecto?

Emily: Es su deber.

P: Ok. Bien, dime, ¿dónde está su casa en este momento?

Emily: Está en la calle. Hay adoquines y casas hechas con piedra.

P: ¿Qué país te viene a la mente?

Emily: Francia.

P: ¿En qué parte de Francia? ¿Qué tipo de clima hay?

Emily: El sur. Es cálido.

P: ¿Cómo fue su vida desde el momento que comenzó a hacer ese servicio? Dame una visión general.

Emily: Cómoda, con muchos amigos. Mucho propósito.

P: ¿Propósito en qué sentido?

Emily: Social.

P: Explícame mejor, ¿qué significa eso?

Emily: Su esposo estaba económicamente bien. Así que ella se mantenía ocupada en la ciudad, ayudando a otras mujeres.

P: ¿De qué forma?

Emily: Ayudando a familias pobres. Ella era buena.

P: ¿Cuál es su nombre?

Segunda Parte: Los Pilares de una Vida Equilibrada

Emily: Catherine.

P: ¿Qué es lo que más se destaca hasta ahora?

Emily: Ha sido una vida alegre. No difícil, cómoda.

P: ¿Cómo se siente respecto a la muerte de su esposo?

Emily: Resignada.

Cuando la hago avanzar en el tiempo ella describe cómo se encuentra en la cama con una enfermedad crónica terminal. Esto entonces me hace continuar avanzándola en el tiempo hasta el último día de su vida como Catherine.

P: ¿Qué está ocurriendo ahora, en el último día de esta vida como Catherine?

Emily: Ella está en la cama. Está enferma.

P: ¿Qué edad tiene ahora?

Emily: 59.

P: ¿Hay algo que esté ocurriendo dentro o fuera de ella que sugiera que su muerte física va ocurrir en este día?

Emily: Está rodeada de sus hijas.

P: ¿Cómo se siente el cuerpo?

Emily: Pesado.

P: ¿Cómo está la mente?

Emily: Tranquila.

P: ¿Qué es lo que sientes respecto a la vida que viviste como Catherine?

Emily: Fue una buena vida.

P: ¿Qué es lo que fue bueno?

Capítulo 8: El Propósito Más Elevado del Dolor y la Pérdida

Emily: Ella tenía buen corazón.

P: ¿Qué te parece que fue lo que más aprendiste?

Emily: Servicio, inegoísmo. Lo hice adecuadamente.

La muevo hasta el estado justo después de su muerte.

P: ¿Dónde estás ahora en relación al cuerpo que acabas de dejar?

Emily: Encima del cuerpo. Las hijas están ahí.

P: ¿De qué estás consciente? ¿Cómo son tus sentimientos?

Emily: De una luz grande y brillante. Estoy esperando ir a casa.

P: ¿Qué sientes respecto a tu muerte?

Emily: Nada.

P: ¿Quieres quedarte un rato más para despedirte de alguien o completar algún asunto pendiente en la tierra?

Emily: Estoy lista para irme.

Estando ya consciente de una luz que la está guiando a su hogar, rápida y fácilmente le ayudo a cruzar hasta el estado de vida entre vidas. Ella describe cómo una luz azul brillante de las cercanías asume forma humana, vistiendo una túnica, de aspecto familiar, con una energía intensa y claramente masculina. Lo describe como a alguien que conoce desde hace mucho tiempo y dotado de un sentido del humor particular. Cuando el guía le da la bienvenida ella siente una fuerte sensación de alivio y seguridad. Sigue al guía hasta una habitación brillante similar a una catedral con una mesa curvada y grande en el extremo opuesto, sentadas detrás de la mesa hay varias formas blancas y grandes.

P: ¿Es esto lo que llamamos el Consejo?

Emily: Sí.

P: ¿Dónde está tu guía?

Emily: Detrás de mí.

P: ¿Qué está pasando?

Emily: Avanzo hacia el frente. Hasta el medio, en frente de la mesa.

P: ¿Cuántas formas hay?

Emily: Hay doce. No hay caras, sólo columnas blancas.

P: ¿Hay alguien que se destaque como el líder del grupo?

Emily: Hay uno. Asume un color más bien amarillento a medida que se mueve hacia adelante. Al igual que mi guía, tiene una especie de halo a su alrededor.

P: ¿Cuál es tu primera impresión?

Emily: Siento como si me hubiesen dado una vida que no fue muy difícil.

P: ¿Qué es lo que dicen, cómo están evaluando la vida que acabas de vivir como Catherine?

Emily: Están complacidos. Me gustó poder servir. Hay otro miembro del Consejo que se acerca, es más grande. Parece hacerse cargo de la conversación.

P: ¿Están haciendo algún comentario positivo sobre tu vida como Catherine?

Emily: Soporté bien la muerte de mi esposo. No permití que enlenteciera mi trabajo. Dicen que uno debe continuar viviendo *(poniéndose emotiva)*. Es una analogía de esta vida *(la vida presente como Emily)*.

Capítulo 8: El Propósito Más Elevado del Dolor y la Pérdida

P: Cuéntame más.

Emily: Cuándo perdemos a alguien tenemos que desprendernos. Porque no es permanente. Es temporario. Debemos aprender a separar las dos vidas.

P: ¿Te refieres a separar la vida sobre la tierra y la vida eterna como un alma?

Emily: Conectarse más con el Ser Supremo. Y seguir adelante con las lecciones.

P: ¿Qué clase de lecciones?

Emily: Iluminar a otros. Respecto a la verdadera esencia de nuestro ser.

P: ¿Cómo le recomienda el Consejo que ella haga eso?

Emily: Tanto sufrimiento podría evitarse si otros supieran lo que yo sé. Pero hay tanta gente estancada. Tienen una estructura mental diferente. Se basan en el miedo. Es un desafío lograr que alguien escuche, cuando vivimos en una sociedad basada en el miedo. Es algo difícil de hacer pues la gente podría pensar que uno está desequilibrado, ya no piensa como lo hacen ellos.

P: Aun así el Consejo sugiere que sería una cosa buena para ti hacer eso, ¿correcto? Si lo comprendo bien, según estuve oyendo, ¿el mensaje estaría centrado en torno a tu historia personal? ¿Podría usarse como una herramienta para conectarse con otros?

Emily: Sí. Es una forma de permitir a la gente que comprendan que hay mucho más. La religión es una barrera para la comprensión. Ayuda hasta cierto punto. Pero se trata de ayudar a la gente a que comprendan nuestra verdadera existencia.

Segunda Parte: Los Pilares de una Vida Equilibrada

P: ¿Qué más indica el Consejo en términos de recomendaciones y aliento?

Emily: Encontrar mentes afines. Gente espiritual que puede acceder... Gente más elevada. Eso abrirá puertas.

P: ¿Entonces sugieren que encuentres tu tribu?

Emily: Sí, ese grupo me mostrará cómo hacerlo. Encontrar un grupo que me mostrará cómo ayudar a la gente que necesita ayuda.

P: ¿Cómo va a evaluar el Consejo tu presente vida como Emily? ¿Quién toma la iniciativa?

Emily: El amarillo. Aprobación, si es que esa es la palabra correcta. Dice que he reconocido la necesidad de lecciones difíciles.

P: ¿Eso es en relación a la pérdida que experimentaste?

Emily: Distinta clase de pérdidas. No todas las pérdidas son la muerte. Enseñan lo mejor. Es la habilidad de ver una pérdida por lo que es y la habilidad de desprenderse.

P: Por favor, explícalo.

Emily: Como la pérdida de mi esposo. Si no lo hubiese perdido no habría buscado un propósito más elevado. Las pérdidas nos sacan de nuestra zona de comodidad. Nos hacen buscar, si estamos dispuestos a buscar. El propósito es crecer y ayudar a otros a crecer al mismo tiempo. Si no crecemos no progresamos. Se trata de moverse a otro nivel.

P: ¿Qué debe crecer, o hacia dónde?

Emily: Querer seguir creciendo está en nuestra naturaleza. Experimentar y ascender. Más allá de esta tierra.

Capítulo 8: El Propósito Más Elevado del Dolor y la Pérdida

P: ¿Cuál es el propósito de Emily?

Emily: Éste tiene la habilidad, si ella así lo elige, de ayudar a otros a alcanzar la iluminación.

P: ¿Cómo le va en este sentido?

Emily: Es fácil marcharse. En vez de eso hay que elegir el sendero difícil. No es lo que parece. No es difícil simplemente porque las dificultades sean mayores. Tiene un propósito. Porque es salir de esa zona de comodidad lo que nos permite conectarnos a una realidad superior. El ego intenta estar en control porque le gusta lo cómodo y una vida sin cambios. Ella necesita aprender a dejar el ego a un lado.

P: ¿De dónde proviene ese ego?

Emily: De la sociedad. Para ser diferentes debemos destacarnos. El ego no quiere sobresalir. Es más fácil permanecer anónimo. El ego quiere mantener el statu quo, mientras que el Ser Superior desea liberarse.

P: Respecto a vivir varias vidas en torno al tema de perder algún ser querido, ¿qué conocimiento aporta el Consejo?

Emily: Vivimos muchas vidas. Cada una de ellas es una oportunidad para ver las cosas de diferente modo, para reaccionar ante ellas en forma diferente. Yo estoy aprendiendo a comprender por qué ocurren cosas distintas. La elección de aceptar o rechazar el desafío es mía. No se juzga.

P: ¿Qué sientes al respecto?

Emily: Un poco de tristeza. Me entristece que se necesite una pérdida para despertar.

Segunda Parte: Los Pilares de una Vida Equilibrada

P: Ahora que ya experimentaste esas pérdidas y te ayudaron a despertar, ¿es necesario perpetuarlas para continuar aprendiendo o existen otras formas de seguir creciendo?

Emily: Puedo sentir gran alegría sirviendo a los demás. Necesito dejarlo. Ya logró su propósito. Aferrarse al dolor puede tornarse un hábito también. Es como el mejor amigo. Pero ese amigo puede volverse una verdadera carga llegado cierto punto.

P: ¿Hay algo que hayamos olvidado y sobre lo que el Consejo quiera aportar?

Emily: Dicen que podemos desapegarnos de las personas sin cesar de amarlos. Dejar ir es de por sí una lección. No es una traición. Los demás tienen sus propias lecciones y sus propios viajes. No es malo dejarlos ir, porque en realidad no los dejamos. No hay que sentirse culpables cuando nos desapegamos de alguien. No estamos abandonándolos. Estamos simplemente siguiendo nuestro viaje.

P: Sí, esa idea en realidad está basada en la noción de que sólo vivimos una vez.

Emily: Sí, es una experiencia de aprendizaje. La culpa no cumple ningún propósito. Es posible reconocer nuestro pasado juntos y luego continuar nuestros propios viajes.

Lo que es excepcional en este caso son las diferentes formas en las que Emily mira al significado del sufrimiento; los modos alternativos de considerar una pérdida al igual que cómo liberarse del dolor y del sufrimiento que trae. Ella comparte cómo es que un sistema de creencias

Capítulo 8: El Propósito Más Elevado del Dolor y la Pérdida

limitadas basado en ideas religiosas establecidas puede tornarse una prisión de la cual dudamos en liberarnos. En otras palabras, una sociedad o un cierto grupo de personas pueden aferrarse a religiones y a dogmas sociales limitantes o estrechos respecto a la muerte de un ser querido y el sufrimiento. Rehusándose a separarse de esta mentalidad colectiva, porque resulta aparentemente difícil o porque es mal visto hacerlo, la gente continúa encadenada a ella sin darse cuenta. Algunos de estas ideas limitadas surgen de la incomodidad sentida ante la idea de haber vivido muchas vidas antes. Asimismo son creadas por la incapacidad de considerar que no somos pecadores sino un alma divina hecha a la imagen de Dios, reencarnando para finalmente volvernos libres y divinos también nosotros.

Por otra parte, ella sugiere que comencemos a considerar nuestra verdadera naturaleza como esencialmente divina. Y que nuestra vida en la tierra es meramente un programa de ejercicios para liberarnos. Para finalmente un día, ya sea aquí en la tierra o en el más allá, expresar la verdadera libertad y dicha de la iluminación espiritual.

Su explicación de cómo el ego en realidad es la forma que tiene la mente de continuar apegada a lo familiar, incluso cuando esta familiaridad nos causa tanto sufrimiento, es hermosa. En este caso, familiaridad se refiere a los sistemas de creencias limitadas. Ella también hace mención al miedo. A lo que se refiere aquí es al miedo al cambio. Miedo a realizar un cambio interior porque es incómodo, pero también al miedo a no estar de acuerdo con, o a destacarse por encima de, la mentalidad colectiva,

Segunda Parte: Los Pilares de una Vida Equilibrada

de los que nos rodean.

Este caso trae a la luz un importante conocimiento sobre cómo la pérdida de un ser querido puede ser un catalizador para crecer y cambiar. Para poder comprenderlo plenamente tenemos que hurgar en la mecánica de la mente subconsciente. En el mundo de la ciencia subconsciente, el subconsciente es considerado como un niño de cinco años. Es también una máquina de hábitos que no desea cambiar. Su función es protegernos y, porfiadamente, como un niño, se adherirá a lo que conoce y quiere hasta que quiera otra cosa que sea mejor. Por ejemplo, cuando quieres sacarle el juguete favorito a un niño, primero tendrás que ofrecerle un chupachupa grande, de lo contrario no te lo dará. De hecho, una vez que el niño se sienta amenazado por la idea de que queremos sacarle el juguete, se aferrará a él con más fuerzas. Por lo tanto, necesitamos ofrecerle un substituto atractivo.

En este ejemplo, la substitución de algo más interesante, como un chupachupa, ayuda al niño subconsciente a trascender la necesidad de auto preservación, ya que generalmente sólo acepta un nueva solución si percibe alguna ganancia. Al subconsciente también le gustan el crecimiento y los números. Así como un niño sabe que dos es más que uno, del mismo modo, el subconsciente comprende qué es más y mejor, prefiriendo más que menos. La mente subconsciente también responde bien ante las metáforas y comprende su profundo significado. Evita el dolor a todo costo. El subconsciente evita el cambio porque el cambio puede ser doloroso. Continuará repitiendo lo que hace interminablemente, a menos que

Capítulo 8: El Propósito Más Elevado del Dolor y la Pérdida

haya un incentivo para actuar de otra manera, incluso si desde un punto de vista consciente es considerado un comportamiento perjudicial. El subconsciente no considera a los comportamientos como nocivos de por sí, ya que los perpetúa hasta que un incentivo mejor o una alternativa, cuyos beneficios aún están por ser conocidos, le sea ofrecido a cambio.

El ejemplo anterior de un chupachupa es un incentivo positivo. Por extraño que parezca, la pérdida también puede ser un tipo de incentivo. Cuando es enfrentado con la pérdida, el incentivo por cambiar sólo tendrá lugar si cambiando puede experimentarse menor dolor en vez de continuar sufriendo como en la situación presente.

Permítanme darles un ejemplo. Imaginen que una mujer joven vive con un alcohólico empedernido que le grita y la golpea regularmente. Cualquiera que sepa de ella y de su situación le aconsejaría que deje a ese hombre. Pero lo que no saben es que su padre también era un alcohólico que golpeaba a su madre y que ella creció en un ambiente familiar abusivo. Por terrible que esta situación pueda parecer, su mente estará 'condicionada' por el abuso. Su mente subconsciente, durante su niñez, 'aprendió' que las relaciones implicaban abuso. Es lo que ella conoce.

Inconscientemente ella atrajo lo que conoce: abuso. Dado que a la mente subconsciente no le agrada el cambio, atraerá y mantendrá aquello que ya conoce; en este caso, el abuso. Se siente 'cómoda' de ese modo.

Para que ella pueda dejar esta relación abusiva, su mente subconsciente necesitará realizar un cambio. ¿Qué se necesita entonces para cambiar una mente subconsciente que no desea cambio? En este caso, el dolor producido por el cambio debe ser menor que el dolor de continuar soportando el abuso. Así que la 'ganancia' es menos dolor. De ese modo la pérdida puede ayudarnos a cambiar. Cuando el dolor de una pérdida es tan terrible que incluso adherirse y adaptarse a religiones establecidas y a la cultura social no proveen un alivio adecuado, la mente comenzará a buscar un mejor sistema de creencias. Tendrá que hacerlo si desea evitar ese dolor.

Es en ese punto que nos abrimos a nuevas formas de pensamiento. Comenzamos a buscar respuestas que están más allá de las opiniones y costumbres tradicionales. Descubrimos que la cultura popular no nos provee la profundidad de comprensión que es necesaria para enfrentar y manejar nuestro dolor.

La gente que no está dispuesta a mirar más profundamente, si bien su sufrimiento es verdadero, en realidad inconscientemente percibe una ganancia secundaria: la satisfacción que experimenta su mente obedeciendo al orden establecido. Este beneficio secundario les hace aferrarse a su presente sistema de creencias.

La satisfacción viene del deseo de encajar, de hacer lo apropiado, o ser un buen miembro de la sociedad o de un grupo religioso. De ese modo el sufrimiento en cierta forma se vuelve un amigo. Una voz familiar. Nada de esto ocurre conscientemente. No es posible culpar a persona alguna por esto ni forzar a alguien a cambiar. Subconscientemente, todavía permanece suficiente apoyo perceptible como para no realizar el cambio. Esto se transforma en la espada de doble filo de su sufrimiento.

Capítulo 8: El Propósito Más Elevado del Dolor y la Pérdida

Subconscientemente no pueden consumar el cambio para elevarse completamente por encima del sufrimiento.

Emily realizó el cambio. La pérdida la despertó a la consciencia de que en verdad ella es más que una mujer que trabaja como enfermera y que ahora es viuda. Llegó a la comprensión de que es un alma eterna viajando de vida en vida, hasta que un día pueda lograr la iluminación y la libertad. Ella comprendió que las pérdidas que enfrentó la ayudaron a realizar que nada es inmutable y que la única realidad permanente es la divinidad de su alma. Y que es para ayudar a otros a despertar a este increíble mensaje, su sendero la lleva a vivir una vida inspirada por el amor y la luz.

Ella redefinió lo que el amor significaba para ella. Ahora posee un sólido pilar de amor. Un amor que está ligado a un sentido superior.

Capítulo 9
No Estás Demente

Anthony vino a verme luego de una vida de prolongado esfuerzo contra el excesivo consumo de marihuana y alcohol. Ahora, a la edad de veintinueve años le estaba yendo mejor, pero en su cuestionario de ingreso describió su lucha por encontrar su verdadero propósito en la vida. Sus comentarios indicaban que tenía una mente profunda y filosófica pero le costaba seguir adelante. Mencionó su dificultad en lidiar con los excesivos impulsos externos, tener que procesar la incesante información de datos y las expectativas que la sociedad arrojaba sobre él.

Cuando comenzamos el ingreso a la sesión, manifestó todas las características del sonambulismo. Un sonámbulo es una personalidad súper sensitiva y extra sugestionable.

Capítulo 9: No Estás Demente

Nos referimos a este tipo de gente diciendo que caminan despiertos. Siempre se encuentran en un leve trance hipnótico y por lo tanto son híper sugestionables a los impulsos del mundo exterior. Sus mentes están totalmente abiertas, sin los filtros normales ni las protecciones que la mayoría de la gente tiene para mantener a raya las impresiones externas.

Es comprensible que semejante alma se sienta agobiada por la vida, ya que todo lo que ocurre es absorbido directamente y necesita ser interiormente procesado.

Una mente más típica desarrolla un 'filtro' que se forma aproximadamente a los ocho o diez años de edad y que evita que permanezcamos completamente abiertos y seamos sugestionables a las influencias externas. Mientras somos niños pequeños no tenemos este filtro, lo cual es bueno (siempre que los cuidadores sean influencias positivas), para poder aprender de quienes nos cuidan y absorber rápidamente todo lo que tienen para ofrecernos. Antes de desarrollar dicho filtro no existe verdadera distinción entre la mente consciente y la subconsciente, simplemente tenemos una sóla mente abierta. Este filtro se forma luego de recibir algunas enseñanzas de nuestros padres, el medio ambiente, los instructores y tal vez ciertos consejos espirituales sobre lo que se debe y no se debe hacer. El filtro divide a la mente en dos partes, dejando un mente subconsciente de aproximadamente noventa por ciento y una mente consciente relativamente pequeña de un diez por ciento.

La mente subconsciente mantiene la misma naturaleza libre de críticas, como la de un niño, tal como era antes de que el filtro se desarrollase, sólo que ahora está protegida por ese filtro. La mente lógica y pensante es la mente consciente. Esta mente piensa y razona. Cuando la información pasa de la mente consciente a la mente subconsciente lo hace a través del filtro, que la altera y distorsiona.

De hecho, toda la información que llega a través de nuestros canales sensorios (lo que vemos, oímos, olemos, gustamos y tocamos) no sólo es distorsionada sino, además, borrada y generalizada. Como afirmamos antes, según la Programación Neurolingüística (NLP), no vemos la realidad en absoluto (el 'territorio'), sólo vemos un mero mapa. Cuando la información pasa a través de los sentidos hasta la mente, nosotros borramos parte de esa información. Hay cosas que las pasamos por alto o las omitimos, de otro modo estaríamos completamente sobrepasados de información. Cuando miramos una pintura, mayormente registramos la imagen y las emociones que evoca, pero no notamos las miles de pinceladas que la componen.

Tendemos a borrar cosas que no corresponden con lo que ya es conocido por nuestra mente subconsciente. Por ejemplo, cuando miramos un debate televisivo ente dos rivales, automáticamente ignoramos todos los argumentos del oponente, por más lógicos y correctos que puedan ser, pues su lógica es desconocida y por lo tanto nos resulta incómoda. Nuestra mente no acepta la nueva información y prefiere adherirse a lo que conoce, en este caso, las opiniones del representante que se corresponde con nuestras nociones preconcebidas.

Capítulo 9: No Estás Demente

También distorsionamos la información sensoria cuando hacemos una representación errónea de la realidad. En el caso del debate televisivo, racionalizamos los argumentos más próximos a nuestras propias ideas y los modificamos a nuestro favor.

Y generalizamos, extrayendo conclusiones globales basadas en sólo unas pocas experiencias. Ciertos medios informativos son expertos en explotar este fenómeno para crear alguna tendencia contraria a ciertos grupos raciales subrayando repetidamente unos pocos incidentes aislados. La mente es fácilmente influenciada por ese tipo de generalizaciones. Esta tendencia a generalizar no es solamente mala, también puede ser positiva cuando tomamos la poca información que tenemos y arribamos a conclusiones generales. Piensen en esos casos donde debemos tomar rápidas decisiones basados en apenas un poco de información.

Las tendencias sonámbulas de Anthony, por lo tanto, explicaban algunos de estos casos, especialmente su incapacidad de sobrellevar el ruido del mundo, y su esfuerzo por adaptarse. Él no podía borrar fácilmente la entrada de información excesiva como la mayoría de nosotros podemos. No es algo fuera de lo común en el caso de almas tan sensitivas intentar ahogar ese ruido con bebidas alcohólicas o drogas.

Pero la sesión concluyó destacando algo mucho más importante. Qué en su búsqueda de un propósito y en su intento de lidiar con los impulsos avasallantes del mundo que le rodeaba, recordó su viaje en el pasado y de cómo sus más profundas aspiraciones eran en realidad mucho más

Segunda Parte: Los Pilares de una Vida Equilibrada

elevadas de lo que él había comprendido previamente. La sesión redirigió su atención a estas elevadas aspiraciones y le obsequió una nueva confianza al igual que un nuevo camino a seguir. Este caso enfatiza la importancia del pilar de la espiritualidad y cómo su ausencia fue lo que hasta ahora le causó a Anthony tanto dolor y pesar. Durante esta sesión él se reconectó con ese pilar una vez más.

P: Dime lo que está pasando ahora.

Anthony: Estoy detrás de un escritorio, estoy escribiendo.

P: ¿Puedes describir la habitación?

Anthony: Es una construcción vieja, con paredes de piedra. Es un escritorio grande. Hay una ventana pequeña y adentro está oscuro. Frío.

P: Cuéntame más.

Anthony: Hay una vela sobre mi escritorio. Llevo puesta una vestidura rústica, es casi como una bolsa. Soy un fraile. Un franciscano. Con una cuerda alrededor de la cintura.

P: ¿Puedes decirme qué estás escribiendo?

Anthony: Es algo espiritual, religioso. Estoy contemplando y escribiendo. Mi mente está elevada.

P: ¿Cómo te sientes?

Anthony: En paz, me gusta esta vida.

P: ¿Qué es lo que te gusta de ella?

Anthony: Tengo un propósito.

P: ¿Cómo definirías a ese propósito?

Anthony: Una vida que está alineada con el propósito

Capítulo 9: No Estás Demente

que Dios tiene para mí.

P: ¿Podrías ayudarme a comprender?

Anthony: ¿Qué puede ser más noble que vivir una vida alineada a las leyes de Dios?

P: ¿Puedes hablarme un poco sobre esas leyes?

Anthony: Las enseñanzas de las escrituras sagradas.

P: Entiendo. ¿Y tú vives según esas enseñanzas?

Anthony: Lo estoy intentando tanto como me es posible. Incluso el intento por vivir de esta forma trae paz y satisfacción.

P: ¿Puedes decirme dónde estás y cuál es la fecha?

Anthony: Estoy en Francia, en 1630.

P: ¿Puedes describirme el área?

Anthony: Es bastante poco desarrollado aquí. Mi habitación es parte de un edificio grande. Es un área amplia y abierta. Vivimos juntos, es una hermandad.

Luego de algunas descripciones más, culmino haciéndolo progresar en el tiempo hasta el último día de su vida.

P: ¿Puedes decirme qué está ocurriendo en este último día de tu vida?

Anthony: Estoy cansado.

P: ¿Cómo te sientes respecto a la vida que acabas de vivir?

Anthony: Fue una buena vida.

P: ¿Qué aprendiste?

Anthony: Que hay paz cuando uno dedica su vida a un propósito elevado. Me fue bien en ese sentido.

P: Si pudieras cambiar alguna cosa, ¿qué habrías hecho diferente?

Anthony: Habría querido tener una mujer. Comenzar una familia. Pero este tipo de vida no lo permite.

P: ¿Te arrepientes entonces?

Anthony: No, fue algo inevitable. Fue la elección que hice.

P: ¿Cómo es tu estado mental?

Anthony: Tranquilo, satisfecho, una vida bien vivida.

A continuación lo guío hasta el estado de la vida entre vidas. Anthony describe entrar a un jardín tranquilo y de aspecto celestial, donde se acuesta sobre una roca. Es un lugar de sanación y restauración. A medida que empieza a sentirse desconectado de su vida como fraile, comienza a reflexionar sobre su vida como Anthony, hablando de él en la tercer persona.

Anthony: Anthony está inseguro.

P: ¿Inseguro de qué?

Anthony: De su meta.

P: ¿Qué le aconsejas que haga?

Anthony: Se le permiten los senderos del mundo para intimidarlo.

P: ¿A qué te refieres?

Anthony: Necesita recordar quién es realmente y cuáles son sus verdaderas aspiraciones.

P: ¿Puedes compartir conmigo cuáles son?

Capítulo 9: No Estás Demente

Anthony: Es la realización de su verdadero Ser.

P: OK, eso es algo muy elevado. ¿Lo que estás diciendo es que él no está consciente de eso?

Anthony: Sí y no. Sí en el sentido de que muy profundamente él conoce que eso es lo que realmente debería esforzarse por hacer y no en el sentido de que esa aspiración está sepultada bajo capas de adoctrinamiento mundano.

P: ¿A eso se debe la confusión?

Anthony: Eso es sobre lo que trabajó en vidas previas. Su conflicto en esta vida surge del olvido de esa misión.

P: ¿Cómo lo olvidó?

Anthony: Las drogas y el alcohol no ayudan. Crean una nube de olvido.

P: ¿Pero por qué se metió en eso, para empezar?

Anthony: Demasiada sensibilidad. La sensibilidad es buena cuando nos acerca a la divinidad. Pero si estamos fuera de tono nos derriba.

P: ¿Qué le sugieres entonces que haga?

Anthony: El primer paso es dejar de consumir todo tipo de drogas y alcohol. Para aclarar la mente. Entonces va a recordarlo.

P: ¿Puedes ser más específico?

Anthony: Va a recordar su vida como fraile y va a recordar para qué está aquí en la tierra, qué es lo que debe esforzarse por hacer.

P: ¿Y después qué?

Anthony: Va a dejar de pensar que está loco. No está loco.

P: ¿Eso es lo que piensa ahora?

Anthony: Cuando los senderos del mundo ahogan la luz del Ser, eso es lo que pasa. Particularmente dado que él ya conoció el sendero hacia la luz.

P: ¿Es como una voz interior clamando por ayuda?

Anthony: No va a quedar satisfecho con lo que el mundo tiene para ofrecerle.

P: ¿Puedes ayudarme a comprender?

Anthony: Se siente sin propósito porque está buscando encontrarlo en un mundo que no resuena con sus aspiraciones internas.

P: ¿Quieres decir que está buscando en el lugar equivocado?

Anthony: Sí. Se desalienta y se frustra con la corriente del mundo. Siempre encontró su aspiración y su meta en la lucha por cosas que están más allá de este mundo.

P: Por eso la bebida y la droga.

Anthony: Eso ha sido un intento, aunque sin éxito, por evitar al mundo y lo que él cree que le demanda. No quería acatarse.

P: ¿Cuál es el camino a seguir entonces?

Anthony: Comenzar a pensar con claridad. Los caminos del mundo y la aspiración por la consciencia trascendental pueden coexistir.

P: ¿Puedes darme un ejemplo?

Anthony: No tiene por qué darle su corazón y su alma a

Capítulo 9: No Estás Demente

una carrera para ser exitoso en el mundo. Simplemente hay que trabajar, comer y tener un techo sobre la cabeza. En vez, el énfasis debe colocarse en la realización de su Ser superior.

P: Parece muy buen consejo.

Anthony: Nadie te fuerza a tener una mentalidad mundana. Ese es su error fundamental.

P: ¿No ser más fuerte en sus propias aspiraciones?

Anthony: Uno debe ser honesto con el llamado de su propio corazón. No permitir que el mundo que nos rodea nos intimide. Él debe ponerse de pie y ser más fuerte.

P: Para resumir, ¿qué consejo específico le darías?

Anthony: Primero que deje de beber y de fumar marihuana. Esto limpiará su mente. Cuando la mente se aclare comenzará a recordar su verdadero llamado. Puede adherirse a eso. Que tenga la confianza de que durante todo este tiempo sus intenciones fueron las correctas. Que no tiene por qué seguir la misma ruta que todos los demás parecen estar transitando y, que en lugar de eso, puede crear una vida para sí mismo que le permita trabajar en pos de la realización de su más verdadero potencial, la liberación de su propio Ser.

P: Integrar sus mayores aspiraciones con vivir una vida sin problemas en el mundo.

Anthony: Sí, eso es lo que hará. Está listo.

Es tan común para nosotros el malentender a estas almas sensibles. Esto no significa que debamos aceptar la ingesta de sustancias que intoxican, pero a menudo realizamos un mal diagnóstico o no somos conscientes de la profundidad de sus sentimientos. Particularmente en nuestro mundo moderno, no hay mucho en términos de guía o inspiración que pueda conducirnos a una vida en sintonía con los principios espirituales. Es una triste realidad que mucha gente sensible se siente tremendamente sola y perdida en medio de la poderosa corriente de ambiciones mundanas.

Mi esperanza es que podamos iluminar a nuestros jóvenes y mostrarles que no hay necesidad de esconder su intuición y su verdadera identidad. En vez de eso, podemos alentarnos a que construyan una vida y una cultura para ellos mismos, donde estos principios sean apreciados y vividos.

Anthony tuvo que transitar un sendero difícil. Si hubiese sido guiado y apoyado en su juventud, y si hubiese habido una cultura a su alrededor que comprendiera sus sentimientos, las cosas habrían podido ser muy diferentes. En lugar de eso, tuvo que sufrir, pasando por la bebida, las drogas y la soledad. Afortunadamente, pudo salir de su enredo antes de que el mundo lo tragase completamente.

He presenciado en muchos clientes un fenómeno similar de incompatibilidad con nuestro mundo moderno o de una profunda lucha del alma por adaptarse a él. Muy parecido a como sucedió en el caso de Anthony; las costumbres y la cultura en la cual vivieron en vidas pasadas era casi opuesta al medio ambiente al que debieron adaptarse en esta vida.

Interesantemente, cuando se reconectan con la consciencia superior, se les aconseja tornarse conscientes de sus logros en vidas previas y aprender a adaptarse a esta vida. No para condicionarse y adoctrinarse con ella, sino para crear una consciencia de su verdadero Ser, su verdadero viaje, pese a vivir en este mundo.

El mundo que nos rodea no puede ser excusa para dejar de manifestar nuestras más elevadas aspiraciones espirituales. Por el contrario, debemos vivir de modo tal que podamos cultivar la fuerza y el conocimiento interior suficiente para elevar nuestra consciencia por encima del mundo, mientras continuamos siendo capaces de funcionar en él.

Haber verdaderamente despertado significa estar despierto en esta vida y más allá de ella. Es una idea errónea considerar que el cielo o la liberación es un lugar más allá de éste.

Si no estamos conscientes aquí, tampoco lo estaremos allá. No podemos escaparnos. El despertar, estar conscientes, es algo que necesitamos alcanzar en el aquí y ahora. Sin duda el estado de vida entre vidas es un estado mucho más libre y elevado que nuestra vida en la tierra, pero continúa estando sujeto al condicionamiento. Somos nosotros que continuamos proyectándolo a la existencia. Sin estar completamente despiertos necesitaremos regresar y continuar viviendo hasta que llegue el día cuando no hagamos más distinciones entre vivir una vida en la tierra o en el más allá. Nuestra consciencia será liberada independientemente de cual sea el plano de existencia en el que habitemos.

Esta es una lección importante pues aplazar nuestros esfuerzos para despertar para el futuro es una tendencia humana. Pensamos que es suficiente con meramente creer o simplemente pertenecer a la Iglesia o tradición correcta. O esperamos que cuando llegue la muerte y entremos en el más allá las cosas van a mejorar, en otras palabras: no hay nada que necesitemos, o podamos hacer, ahora. Lo que hacemos, prácticamente es desistir.

Contrariamente, tal como los guías del estado de vida entre vidas continúan diciéndonos, si aprendiésemos a vivir libres ahora y alcanzásemos la consciencia iluminada en la tierra, podríamos disfrutar muchísimo más. Imaginen un grupo de gente o una comunidad donde las almas están despiertas a la verdadera naturaleza de su Ser superior. Crearían un mundo donde los niños serían alentados a desarrollar sus facultades más elevadas. Instaurarían un mundo con el balance adecuado entre el amor, la seguridad y la espiritualidad.

Incluso si colectivamente fallamos en construir una sociedad así, nada nos impide crear nuestro hogar de esta forma y enseñarle a nuestros hijos de esa manera. Una lección importante en el caso de Anthony es que, antes que nada, necesitamos cultivar la fuerza para hacerlo. Con esa fuerza y confianza construimos nuestra visión y apuntamos a lo más elevado. Esta vida es sólo un fenómeno pasajero. Por qué permitirle que nos oprima tanto, al punto que olvidamos quienes somos verdaderamente y qué vinimos a hacer aquí. Si hay algo a ser aprendido de todo esto, es el hecho de que nuestra verdadera esencia es divina y que nuestra vida en este mundo es meramente un programa de entrenamiento, con la finalidad de liberarnos. Esta realización, si es

Capítulo 9: No Estás Demente

vivida verdaderamente, nos proveerá la fuerza requerida y el coraje para ponernos de pie y construir una vida hermosa aquí en la tierra, plenamente despiertos y, aun así, completamente integrados. Un pilar espiritual fuerte.

Anthony aprendió que el éxito no se mide en términos de tener una gran carrera y que ni hay necesidad de tener una. Comprendió que no estaba loco por no querer buscar lo que la mayoría de la gente está buscando. Que en lugar de eso deseaba y necesitaba vivir una vida espiritual y que el olvido de su misión divina era lo que causaba todo su dolor.

Cada uno de estos tres pilares constituye una meta de por sí. Esforzarse por lograr un balance perfecto entre ellos es incluso un propósito mayor. El propósito superior, cuando todos se encuentran balanceados, es llegar a un estado de despertar espiritual.

Capítulo 10
Cambiando el Paradigma

Si tuviésemos que elegir uno de los objetivos más recurrentes en las regresiones a vidas pasadas y a la vida entre vidas, éste sería la idea de crecimiento. El propósito mismo de la regresión a vidas pasadas es determinar los eventos y los patrones de nuestro pasado que hayan contribuido a nuestro crecimiento. Las lecciones kármicas que aprendimos a través de repetidos nacimientos están para ayudarnos a desarrollar y manifestar nuestras facultades más elevadas, de modo que un día podamos comenzar a expresar verdaderas cualidades divinas.

Si bien el propósito principal detrás de la reencarnación parece ser una idea singular: el despertar de nuestro verdadero Ser, las lecciones son de naturaleza muy

Capítulo 10: Cambiando el Paradigma

individual. Cada uno de nosotros está en un nivel diferente, requiriendo lecciones únicas que son designadas específicamente para nuestro crecimiento individual. Algunos de nosotros necesitamos primero fortalecer uno, dos o tal vez incluso los tres pilares. Puede ser que necesitemos dedicar una o múltiples vidas para el fortalecimiento de sólo uno de estos pilares. Este entonces se vuelve un propósito secundario en el gran esquema de la meta general del alma; nuestro viaje hacia el despertar.

Durante una regresión a la vida entre vidas, vimos repetidamente al alma siendo instruida sobre cómo impulsar su desarrollo. La regresión a vidas pasadas subraya los patrones y las lecciones aprendidas hasta el momento, y la regresión a la vida entre vidas nos instruye sobre cómo avanzar de ahí en más. Por lo tanto, es importante tornarse consciente de ambas lecciones; comprender los patrones del pasado y avanzar hacia el futuro.

Si bien cada lección es diseñada específicamente para cada alma individual, parece haber ciertos principios aplicables a todos. Del mismo modo que la gravedad se aplica a todos nosotros, los principios y leyes del universo se aplican igualmente para todos, incluso en el más allá. Pensemos en la ley del karma por ejemplo. No podemos desconectar la reencarnación de la ley del karma. Esta ley gobierna los resultados de nuestras acciones. Reencarnamos como resultado de nuestras acciones y para remediar esos karmas.

Si consideramos aceptable que la influencia de nuestros padres, las condiciones del medio ambiente y la transmisión hereditaria es lo que nos hace quienes somos hoy, es igualmente así de lógico considerar que la ley del karma determina por qué nacemos de esos padres, en este ambiente y con este cuerpo. Resulta más lógico aceptar a una inteligencia cósmica detrás de este proceso que meramente dejar que sea el resultado de la casualidad. Porque si fuese casualidad, a algunas personas les ha tocado un gran mazo de cartas, mientras que otros jamás tuvieron ni la oportunidad. Parece más justo atribuirlo a la acción de la ley de karma y tener un sentido de la responsabilidad. A menos que seamos parte del problema, jamás seremos empoderados para ser parte de la solución. Cuando miramos la vida a través de los lentes del karma, lo que inicialmente parecía un trato injusto puede, en el gran esquema de las cosas, ser algo que nosotros mismos elegimos para ayudarnos a crecer.

Por ejemplo, pudimos haber elegido una dinámica familiar difícil porque nos desafía para tornarnos más independientes, o podemos elegir vivir en un cuerpo con ciertos desafíos para pagar rápidamente grandes cantidades de karma. Lo que a primera vista puede parecer una situación injusta, podría, desde una perspectiva más elevada, ser un paso deliberado e inteligente tomado por el alma para acelerar su crecimiento.

Aceptar esta clase de pensamientos puede requerir un cambio de paradigma. Instintivamente creemos que estamos aquí en la tierra para pasarla bien y disfrutar. Vamos a la universidad, conseguimos un empleo, nos casamos, todo porque creemos que esto es lo que nos va a hacer felices. No es algo común para nadie sentarse

Capítulo 10: Cambiando el Paradigma

a investigar profundamente este estado de cosas a una edad temprana. Es algo que colectivamente hemos aceptado que es así, y es como una corriente poderosa que nos arrastra desde el día en que nacimos. Cualquiera que se rehúse a acatar esta situación es considerado un antagonista, una persona anormal o antisocial.

Si consideramos a este mundo y a la forma en que vivimos desde la perspectiva del mundo de la vida entre vidas, y si la meta principal parece ser que estamos aquí para crecer, entonces, tal vez aquellos que cuestionan la forma en que se vive no son tan anormales después de todo.

Yo recuerdo haber hecho esas preguntas siendo niño. También tenía un rechazo inusualmente fuerte en aceptar los caminos del mundo. No lo expresaba en una forma particularmente agresiva o antisocial; era más bien una lucha interior. Intenté encontrar sentido a las cosas filosóficamente, tratando de hallar respuestas que tuviesen sentido para mí y que me ayudasen a delinear un curso en la vida que fuese capaz de navegar voluntariamente.

Recordar algunas de mis vidas pasadas me ayudó a hacerlo. La aceptación de la idea de karma me llegó como resultado de este recuerdo, ya que era la única idea que tenía sentido para mí y que explicaba por qué estaba aquí hoy y por qué era quien era en ese punto en el tiempo. También me hizo consciente de que tenía la oportunidad de elegir. La elección de confeccionar mi vida de modo tal que me ayudase a manifestar mayores niveles de libertad interior.

Consecuentemente, sentí que debía tomar ciertas decisiones que no estaban en línea con la mentalidad colectiva de la sociedad. Ocurrió que, siendo joven, entré en contacto con ciertos santos de la India que me ayudaron a formar mi mente y me influenciaron para que me hiciese monje. Y así fue que luego de culminar la universidad, pasé los próximos veintiún años como monje Védico, viviendo en varias partes del mundo, meditando y dando conferencias sobre filosofía Oriental. Fue algo muy intenso. Me alegra haber tenido la oportunidad de vivir con esas grandes almas, y cuando la mayoría de ellos falleció, decidí dejar la vida monástica y explorar diferentes aspectos de la vida.

No me arrepiento de haber vivido la vida de monje, aun así, me alegra haber ido más allá de eso también. Me ayudó a ver la vida desde una posición de ventaja trascendental y desapegada. Me ayudó a detenerme, sentarme y reflexionar antes de ingresar a la vida del mundo con los ojos vendados. La vida monástica fue una muy buena forma de internalizar mi rechazo a aceptar los caminos del mundo y me dio tiempo para estar apartado del mundo y encontrarle sentido.

La increíble hermandad también fue algo inolvidable. En especial, jamás olvidaré los dos años que pasé en el seminario en Kolkata. El lazo espiritual que se formó entre nosotros jamás podrá borrarse, incluso pese a que yo elegí vivir una vida espiritual por mi cuenta, lejos de la religión organizada. Alguno de estos hermanos todavía me visitan en sueños. Son almas divinas realmente hermosas y siempre estaré agradecido de haber pasado esos años inolvidables en su santa compañía. Me siento en resonancia con la mujer nativa del caso que se describe más abajo, donde ella destaca la belleza de compartir ideas espirituales con un grupo de almas con la misma mentalidad. Para mí, sin embargo, la vida monástica, por mucho que la disfruté mientras duró, fue solamente una etapa. Eventualmente acabé eligiendo un estilo de vida que me permitía más libertad. Me ayudó grandemente al comienzo de mi vida espiritual pero se tornó progresivamente restrictiva a medida que yo crecía. Cuando un retoño joven se planta uno puede querer ponerle un cerco a su alrededor para que las ovejas no coman sus hojas, pero una vez que el árbol ha crecido podemos incluso atarle diez ovejas al tronco y hasta podrá proveerles abrigo contra los calientes rayos del sol. Todo depende de dónde estamos en el sendero espiritual. Nada es bueno o malo de por sí. Aprender a ser auténtico con las necesidades de nuestro corazón y realizar los ajustes necesarios es todo un arte.

No queremos perdernos en el mundo. En condiciones ideales, aprendemos a vivir una vida donde en sus comienzos, cuando somos todavía jóvenes, despertamos al más elevado propósito de la vida, a saber, el despertar de nuestro verdadero potencial divino y la manifestación de la consciencia superior. El arte consiste en no dejarse atrapar con demasiadas preocupaciones sobre las cosas del mundo al punto de olvidarnos completamente de nuestro propósito divino y nuestra naturaleza divina.

Eso es vivir la vida iluminada. El cambio de paradigma consiste en aprender a disfrutar de la vida de una forma diferente. La búsqueda de los placeres que normalmente consideramos como la meta de la vida debe ser subordinada a la búsqueda de la divina dicha interior de nuestra consciencia superior.

La búsqueda de las cosas del mundo puede mantenernos estancados a una consciencia inferior y agotar todos nuestros recursos, interna y externamente. Recuerden el diagrama sobre la felicidad. Todo lo que hacemos es comer el mismo trozo de chocolate una y otra vez, repitiendo la misma onda mental sin aumentar la calidad de la felicidad y gastando una cantidad de tiempo y energía en el proceso.

Si en lugar de eso nos esforzamos por comprender que estamos aquí para realizar grandes cosas, para manifestar mayores niveles de felicidad mientras elevamos nuestras mentes a planos superiores de consciencia, podemos crear una sociedad mejor y una vida más feliz.

Podemos aprender a reevaluar las cosas que hacemos y vivir la vida diferentemente. La meta continúa siendo experimentar la felicidad aquí en la tierra, pero de una manera diferente y más elevada. En vez de buscar la felicidad en la acumulación siempre creciente de la afluencia material, lo cual no es sostenible, podemos buscar felicidad dentro de nuestras mentes y nuestros corazones. Esa es la esencia del cambio de paradigma. Gastar menos tiempo y energía en la construcción de una riqueza material extravagante y usar más tiempo construyendo una mente brillante e iluminada. La alegría se origina en la mente.

No quiere decir que nuestro empuje interior por el placer esté equivocado, sino en que ponemos el énfasis en algo que no puede conceder esa clase de felicidad. Necesitamos

Capítulo 10: Cambiando el Paradigma

cambiar el énfasis desde aumentar la cantidad de felicidad a aumentar la calidad.

Es cierto que esto no es fácil. Hemos sido condicionados tan tremendamente. Todos a nuestro alrededor están corriendo por más riqueza material, pensando que cuanto más dinero tengamos más felices seremos. No estoy promulgando que la pobreza sea una virtud; lejos de eso. En nuestro triángulo de una vida balanceada, a saber: seguridad, espiritualidad y amor, el dinero es un elemento crítico. Es un aspecto del pilar de la seguridad necesario para crear una vida de libertad. No obstante, necesitamos desplazarnos desde una consciencia monetaria a una consciencia despierta. El dinero y la comodidad son sólo parte del asunto, no su totalidad. Consecuentemente, necesitamos emplear sólo el tiempo y la energía requeridos para ello, y dedicar el resto de nuestro tiempo y energía en la búsqueda de otros aspectos necesarios para vivir una vida equilibrada.

Esto me lleva al próximo caso. Ilustra cómo una vida de afluencia ha desconectado a esta señora de su mayor propósito espiritual. Ella sobre enfatizó el pilar de seguridad, a expensas del amor y la espiritualidad. Sharon era una señora de Virginia, de 45 años de edad que vino a verme a mi oficina. Poseyendo una personalidad inteligente y extrovertida resultó fácil conectarme con ella. Anteriormente me había escrito diciendo que estaba buscando conectarse a una consciencia superior pero que le resultaba muy difícil hacerlo. Insatisfecha con cuanto sucedía en su vida, estaba buscando una conexión divina. La regresé fácilmente a una de sus vidas pasadas:

P: ¿Eres mujer u hombre?

Sharon: Una mujer.

P: ¿De qué edad?

Sharon: 18.

P: ¿Qué ropa tienes puesta?

Sharon: Estoy descalza. Llevo puesto un hermoso vestido de piel de gamuza marrón.

P: ¿Algo más?

Sharon: También tengo joyas con cuentas de colores hechas a mano.

P: ¿Dónde estás?

Sharon: En el bosque.

P: ¿Qué estás haciendo?

Sharon: Estoy contemplando a mi tribu.

P: ¿Qué es lo que estás mirando?

Sharon: Estoy mirando el humo que sale del fuego. Es el anochecer. El cielo está lleno de colores. Rojos y naranjas.

P: ¿Cómo te sientes?

Sharon: Muy en paz.

P: ¿A qué se debe?

Sharon: Es el bosque, la forma en que vivimos.

P: Ok. ¿Puedes explicar más?

Sharon: Estamos conectados. Con la naturaleza y entre nosotros.

P: ¿Quiénes son ustedes?

Capítulo 10: Cambiando el Paradigma

Sharon: Mi gente, mi tribu.

P: ¿Cuántos son?

Sharon: 25. Vivimos juntos aquí.

P: ¿Puedes describir cómo viven?

Sharon: Vivimos en chozas tejidas, con techos gruesos y pesados hechos con pasto. Estamos en un claro del bosque. Hay un río en la cercanía. Estamos rodeados de montañas.

P: ¿Cómo describirías a tu gente?

Sharon: Somos nativos. Hemos vivido en estas áreas desde hace mucho tiempo.

P: ¿Siempre vivieron ahí?

Sharon: A veces nos movemos, siguiendo a los búfalos.

P: ¿Cuál es la fuente principal de alimentación?

Sharon: Los hombres cazan búfalos, ciervos y peces. Las mujeres recogen bayas, raíces y hierbas para hacer medicina.

P: ¿Puedes describir el área?

Sharon: Es hermosa. Hay árboles grandes. Nuestras chozas están bajo los árboles, formando un círculo. Tenemos un fuego en el medio. Las mujeres están trabajando, haciendo cestas y preparando comida. Los hombres salieron, están casando. Algunos viejos se quedaron.

P: ¿Cómo es el clima?

Sharon: Está cálido ahora. Pero es un clima templado.

P: ¿Dijiste que estabas en paz?

Sharon: Hay harmonía. Me siento tan feliz.

Segunda Parte: Los Pilares de una Vida Equilibrada

P: ¿Qué quieres decir con harmonía?

Sharon: El bosque está vivo. Puedo sentirlo. Lo escuchamos y respiramos con él. Nos adaptamos al bosque y vivimos con él. El grupo entero lo hace.

P: ¿Entonces comparten esa conciencia?

Sharon: Sí, eso es lo que hace nuestras vidas tan tranquilas. Respiramos, bailamos y vivimos como uno.

P: ¿Qué es lo que los une tanto?

Sharon: Como dije, respiramos como uno y los ancianos nos guían.

P: ¿Qué puedes decirme de los ancianos?

Sharon: Tienen experiencia. Tienen sabiduría. Nosotros los escuchamos.

P: ¿De qué manera los guían?

Sharon: Nos sentamos juntos de noche, alrededor del fuego. Ellos nos cuentan historias por medio del canto y de la danza.

Luego de algunas descripciones más sobre su vida en la tribu, la hago avanzar en el tiempo unas cuantas veces. Ella describe su envejecimiento y cómo lentamente se transforma en una de las ancianas que ayudan a las chicas más jóvenes. A continuación la guío por su último día en la tierra y la ayudo a cruzar al más allá. En este momento ella se vuelve muy locuaz y observante, sin el condicionamiento de vida alguna.

P: ¿Qué piensas de la vida que acabas de vivir?

Sharon: Fue una vida hermosa.

Capítulo 10: Cambiando el Paradigma

P: ¿Qué fue lo que más te gustó?

Sharon: Estaba en sintonía.

P: ¿Puedes explicarlo?

Sharon: La sensación de conexión era muy fuerte. Conectados el uno con el otro y con la naturaleza. Había un flujo.

P: ¿Qué tiene eso de diferente con la vida de Sharon?

Sharon: A ella le falta eso.

P: ¿A qué te parece que se deba eso?

Sharon: No está conectada con la naturaleza ni con la gente.

P: ¿Sabes por qué?

Sharon: Su riqueza creó barreras.

P: ¿Qué tipo de barreras?

Sharon: Es como vivir en un castillo rodeado de un muro. Existe una separación de la gente y de la naturaleza. No es natural.

P: ¿Qué le sugieres que haga?

Sharon: Necesita simplificar su vida.

P: ¿Cómo sugieres que haga eso?

Sharon: Ella no necesita todas esas cosas, esa casa enorme, la comunidad cerrada. Necesita hacer un cambio, vivir conectada.

P: ¿Vivir conectada?

Sharon: Sí, por eso es que hoy volvió hacia atrás, a visitar su vida pasada como nativa Americana. Necesita volver a

Segunda Parte: Los Pilares de una Vida Equilibrada

sentir eso. Puedes pensar que esa era una vida primitiva, pero no lo era.

P: ¿Quieres decir que necesita reactivar esa clase de conectividad con la naturaleza y con la gente?

Sharon: Sí, debe encontrar su tribu, por así decirlo. Gente con mentalidad afín, que busquen otras cosas aparte del confort material. Está tan cansada de esto.

P: Comprendo. ¿Y por qué ahora?

Sharon: Por qué no ahora. Ya es hora. Ya derrochó suficiente tiempo. Permitió que las demandas de la sociedad la sepultasen. Eso es estúpido.

P: ¿Está lista para hacer un cambio entonces?

Sharon: Tiene que hacerlo. De otro modo está viviendo en vano. Simplemente existe. Tener dinero no cambia eso. No le agrega nada a cómo se estuvo sintiendo.

P: Es una observación interesante.

Sharon: Lo que me hizo feliz como mujer indígena no era algo material. De hecho, fue lo opuesto. Fue vivir con un grupo que comprendía qué es lo que hace significativa a la vida. Estar juntos, compartir y comprender los principios espirituales, tener pocas necesidades y demandas. Hay tanta libertad en eso.

P: ¿Qué significa eso en términos prácticos?

Sharon: Sharon puede vivir en una casa sencilla, cerca de la gente o de una comunidad que valore sus ideas. Viviendo en forma sencilla no necesitará dedicar enormes cantidades de tiempo y dinero a mantener su estilo de vida.

Capítulo 10: Cambiando el Paradigma

P: Sí, tiene sentido.

Sharon: Va a tener tiempo para extenderse, conectarse, buscar cosas que eleven su mente. Eso es lo que es importante.

P: ¿Ella que espera alcanzar con esto?

Sharon: La felicidad. Es un estado mental. Es necesario crear circunstancias favorables que nos permitan eso.

P: ¿Quieres decir que si simplifica su vida, gastando menos energía en cosas materiales y pasando más tiempo con gente afín, ella podrá elevar su mente?

Sharon: Sí. Para que la consciencia se desarrolle, los otros aspectos de nuestra vida necesitan estar organizados adecuadamente. De otro modo es como caminar en dos direcciones diferentes al mismo tiempo.

P: ¿Estás diciendo que no puede alcanzarse la felicidad si los pilares de la vida no están en regla?

Sharon: Sharon gasta demasiado tiempo en el confort material y muy poco en hacer conexiones significativas. Haciendo algunos cambios fundamentales en su vida va a poder liberar su mente. Sólo entonces podrá ser feliz. La felicidad, la consciencia, emergen de vivir en forma correcta. No se pueden desconectar estas dos cosas. Es un estilo de vida. Debemos estar consciente de todas estas cosas.

P: ¿Es a eso a lo que te refieres cuando hablas de caminar simultáneamente en dos direcciones diferentes?

Sharon: Dedicar una cantidad exagerada de tiempo y energía a las cosas del mundo es perjudicial para lograr un estado mental libre. No puede pretenderse tener energía para alcanzar ambas. Es necesario equilibrarse.

P: ¿Necesitamos hacer una elección entonces?

Sharon: Hay que elegir entre distintos tipos de felicidad. Si queremos las cosas del mundo, pueden traernos una cierta clase de confort, pero el precio es elevado. Lo logramos a expensas de la paz mental y de tener conexiones significativas. Si elegimos vivir una vida en harmonía con la naturaleza, con gente que piense como nosotros, eso implica abandonar una cierta cantidad de comodidades materiales, pero obtenemos paz mental a cambio.

P: Temo que la gente pueda malinterpretar esto, que crean que tienen que irse a vivir al bosque.

Sharon: Eso sería llevarlo a otro extremo. Se trata de lograr equilibrio. No necesitamos privarnos de nada. Pero necesitamos comprender los principios.

P: ¿Cómo definirías esos principios?

Sharon: Sólo tenemos una cierta cantidad de energía. Si lo usamos en busca de riqueza obtendremos riqueza. Si liberamos una parte de esa energía y la dedicamos a conectarnos con la naturaleza y con otra gente, conseguiremos eso. Si preservamos la energía y la dirigimos hacia la meditación y la oración, lograremos paz interior. Es un concepto simple.

P: Sin embargo, es algo con lo que Sharon ha estado luchando para poderlo implementar.

Sharon: Ella lo sabe. Lo único que necesita es un pequeño empujón en la dirección correcta.

Capítulo 10: Cambiando el Paradigma

En esta sesión esclarecedora, el ser superior de Sharon redirigió a Sharon a vivir una vida más iluminada. Ella se había estancado en su forma de vida, y su afluencia monetaria se había tornado una prisión para su mente.

Sea que ya tengamos dinero o no, la lección de esta sesión continúa incambiable. Hemos sido condicionados a correr tras las cosas del mundo. Confort, casas cada vez más grandes, autos cada vez más lindos, y una cuenta bancaria cada vez más abultada. El programa fue escrito en lo profundo de nuestras mentes subconscientes. Nos empuja ciegamente en esa dirección. Ya ni lo cuestionamos más. Si bien sólo unos pocos son verdaderamente felices y tranquilos, y no existe evidencia a nuestro alrededor de que este programa esté realmente dándonos la tierra prometida, aun así seguimos adelante sin descanso.

Para modificar este guión, se necesita un cambio fundamental en nuestra mente. Necesitamos volver a escribir los programas que gobiernan nuestra mente subconsciente para hacer consciente al subconsciente. ¿Cómo podemos hacerlo?

El primer paso es visualizar lo que queremos. Crear una imagen clara de la nueva y mejor vida que queremos vivir. Luego hay que plantar esta imagen profundamente en la mente subconsciente. Una y otra vez imaginar y visualizar, usando todos nuestros sentidos. Hacer que se torne viva. Verla, olerla y sentirla como si ya estuviese ocurriendo. A medida que estas ideas y visiones se tornen vivas, se hundirán lentamente en los recovecos más secretos de la mente subconsciente. Por la repetición continua este sueño forma una nueva impresión en el

Segunda Parte: Los Pilares de una Vida Equilibrada

interior. Lo creamos o no, el universo lo hará ocurrir mágicamente. El universo provee lo que tenemos muy adentro en el subconsciente. Jamás falla.

Ese es el secreto que descubrí a lo largo de los años y que me gustaría compartir aquí con ustedes. Una vez que comprendan este principio tendrán una herramienta para cambiar sus vidas. Se los mostraré en los dibujos que aparecen más abajo.

1. El 'aquí y ahora', nuestra 'realidad' como la conocemos: Así es como experimentamos nuestra vida. Es como nos sentimos, cosas que nos ocurren, gente que vemos, oportunidades o la falta de ellas, etc. Es nuestra

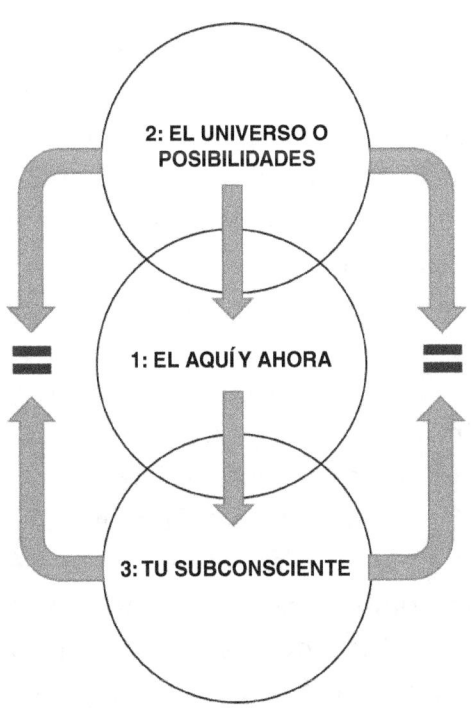

realidad consciente. Por consciente nos referimos a aquello de lo cual NOSOTROS estamos conscientes. Esto implica que hay fuerzas en acción de las cuales NO estamos conscientes. La asombrosa característica de nuestra mente consciente es que nos da la ilusión de que aquello de lo cual estamos consciente es todo lo que hay y lo único verdadero.

Es esa esfera que se caracteriza por la ilusión de que mientras estemos conscientes de ella debe ser real y verdadera (o ser la única verdad). También ignoramos (o como en los estados NLP, borramos, generalizamos o distorsionamos) todo lo que cae fuera de este reino del cual estoy consciente.

2. **El Universo o lo desconocido:** El universo es ese reino misterioso al cual le rezamos esperando obtener cosas o al que maldecimos cuando no obtenemos lo deseado. Es ese reino que nos rodea con fuerzas infinitas de gravedad, electromagnetismo, fuerzas nucleares fuertes y débiles, luz, Prana, chi y demás. Es también la consciencia de la vida entre vidas. Cuando queremos o deseamos algo, necesita venir de algún lugar. Si queremos amor, riqueza, salud, es razonable asumir que esta abundancia ya está disponible en el universo que nos rodea pese a que no estemos conscientes de ello. De ahí el dicho de un gran santo del Oriente: "El viento de la gracia está siempre soplando; tienes que desplegar tus velas". Si bien somos parte de y vivimos en este universo, su potencial yace fuera de nuestra experiencia consciente. No estamos consciente de esas fuerzas que nos rodean ni

de su potencial. Así que en vez de llamar a este círculo 'el universo', también podemos llamarlo 'potencial' o 'posibilidad'.

3. **La Mente Subconsciente:** El vasto reino de la mente que nosotros conocemos existe pero no podemos verlo. Si queremos dibujar en nuestra realidad consciente las cosas que el universo puede ofrecernos, entonces primero necesitamos plantarlo profundamente en la mente subconsciente. Podemos hacerlo a través de la continua repetición (como la repetición de afirmaciones positivas), la meditación, la psicoterapia o hipnoterapia. Una vez que una idea se vuelve una nueva impresión en la mente subconsciente, el universo encontrará la forma de hacérnosla llegar. El secreto es que el suministro del universo está siempre disponible, pero sólo se presenta en nuestra realidad consciente cuando existe primero en la mente subconsciente. El suministro universal y nuestra mente subconsciente son uno, la misma cosa. Necesitamos ponerlos en sintonía. La frecuencia subconsciente necesita colocarse a tono con la frecuencia del abastecimiento universal. Así como una radio necesita sintonizarse con la torre de transmisión. Si queremos que la vida nos provea amor, entonces primero necesitamos colocar la frecuencia de amor en nuestra mente subconsciente. ¿Deseamos abundancia material? En ese caso, primero necesitamos poner la frecuencia de la consciencia de riqueza en nuestro subconsciente. El universo lee estas frecuencias y sintoniza en ellas retornando el favor. Al igual que una radio.

Capítulo 10: Cambiando el Paradigma

Lo mismo es cierto con la negatividad por supuesto. Tener pensamientos malos y depresivos nos dejará con una experiencia consciente de negatividad. El universo nos retornará la misma frecuencia y cosas malas comenzarán a suceder en nuestra vida. La comprensión de este secreto nos permite crear nuestro propio destino. Repentinamente cosas buenas comienzan a suceder, grandes oportunidades se presentan de por sí. ¿Es eso coincidencia o suerte? Es el poder de nuestra propia mente subconsciente.

Por lo tanto, el cambio es posible, incluso si el mundo a nuestro alrededor se mueve en la dirección opuesta. Todo lo que se requiere es una intención consciente, entonces encontraremos formas de hacer que lo deseado ocurra.

Sharon está lista para hacer el cambio. Ahora se tornó consciente de que había invertido excesivamente en el confort material (el pilar de la seguridad) y había invertido insuficientemente en las relaciones significativas (el pilar del amor) y en el logro de un nivel superior de consciencia (el pilar espiritual). Para estar feliz y tranquila en el presente, su propósito inmediato es restaurar el equilibrio.

Segunda Parte: Los Pilares de una Vida Equilibrada

Capítulo 11
Liberación

Una de las memorias más agradables de mi vida en India fue mi estadía en el sur de la India. Luego de más de siete años en el norte del país, me mudé al estado de Karnataka, en el sur. La primera vez que crucé el borde ingresando a uno de los estados sureños, me invadió un sentimiento de intensa alegría y reconocimiento. Estaba viajando en el Coromandel Express desde Kolkata hasta Chennai y jamás olvidaré la primera parada en lo que se consideraba ya el sur, en algún lugar de Andhra Pradesh. Allí, en la plataforma del tren, vi a los hombres vistiendo dhotis tradicionales (una prenda de tela larga que se envuelve alrededor de la cintura como si fuese una pollera) y a las mujeres con una preparación de cúrcuma en sus

Capítulo 11: Liberación

rostros y flores en sus largas trenzas. Los vendedores ambulantes ofrecían idlis (panecillos de arroz) y doshas (panqueques de harina de arroz y lentejas). Me sentí en casa de inmediato.

Este sentimiento de familiaridad y mi aprecio por la cultura del sur de la India jamás me abandonó durante los tres años que estuve allí. Para mí era claro que había vivido en ese lugar antes. Esta sensación se tornó incluso más fuerte cuando visité Bangalore por primera vez, la capital de Karnataka. En ese entonces, todavía continuaba siendo la ciudad jardín, como tradicionalmente se la conocía, si bien con el paso de los años la industria de la Tecnología Informática (IT) inundó la ciudad y ésta perdió parte de sus encantos debido a la excesiva polución del aire y la sobrepoblación.

Mi lugar favorito en Bangalore era el Ramakrishna Ashrama, en el área de Basavanagudi. Si bien viví la mayoría del tiempo en Mysore, visitaba el ashrama de Bangalore regularmente. Este lugar sagrado, un predio grande rodeado de muros entre árboles y jardines bien cuidados, justo en el corazón de la ciudad, tiene un hermoso templo íntimo donde los devotos pueden ir a atender a las devociones diarias y ceremonias sagradas.

Cuando caminé por el predio por primera vez me tomó por sorpresa notar cuánto amaba ese lugar y cuán cómodo me sentí allí. En ninguna otra parte de India estuve tan relajado ni sentí tan intensamente que pertenecía a ese lugar. El más famoso punto de referencia en el ashrama es lo que se conoce como la roca de la Santa Madre. Se trata de una enorme piedra de granito con un pequeño y hermoso mandapa tallado (un refugio con pilares) y una pequeña capilla dedicada a la visita que realizara la Santa Madre a ese lugar unos cien años atrás.

Reconocí el lugar de inmediato. Ahí fue donde conocí a esta santa mujer durante mi vida pasada. Ese momento me regresó a mi infancia cuando tuve un vívido sueño de ese lugar. Me recuerdo claramente, caminando roca arriba junto a otros devotos, cuando uno tras otro le ofrecimos ciertas cosas consagradas e ella. Recuerdo cuando le di una hermosa flor blanca y una prenda de color azafrán (el hábito tradicional del monje), que ella me lo volvió a dar como una bendición. Cuando años más tarde viví con un santo de la India en Paris, le conté sobre este sueño. Él se puso de pie, extrajo un libro de un estante y lo abrió, mostrándome un pasaje con la descripción exacta de mi sueño. "Aquí es donde estuviste", me dijo. Hasta ese punto jamás había oído de Bangalore o de ese incidente.

Ahora, visitando esa roca comprendí por qué me sentía tan cómodo en ese lugar. Este ashrama en particular es también el lugar donde mi mente se encontraba en su mejor estado. Fácilmente y sin esfuerzo entraba en un estado elevado de consciencia. Pese a que algunos de los ascetas hindúes más tradicionales y conservativos que vivían en ese lugar me consideraban un extranjero, 'carente de espiritualidad', mi mente volaba alto estando allí. Recuerdo en particular un día durante un gran festival religioso muy concurrido y con ceremonias sagradas teniendo lugar en el templo. Yo estaba sentado, absorto en un elevado estado de paz sobre un muro en el jardín, justo afuera del templo, cuando uno de

Capítulo 11: Liberación

estos ascetas conservadores me urgió que ingresara al templo para atender la ceremonia. Cuando yo decliné respetuosamente su invitación él se marchó irritado por mi falta de devoción. Continúe sentado allí, inmóvil, como si estuviese mirando fijo hacia adelante, hacia el vacío, completamente calmo y en un estado de dicha interior. Me encontraba en un estado de consciencia libre de deseos y libre de ondas mentales. ¿Qué podría haberle contribuido a ese estado de ser la visita a un templo?

Hasta hoy me sonrío ante el milagroso juego del destino. Viajamos de vida en vida, de cultura a cultura y de un estilo de vida al otro. Cada vez con un rol distinto en una era diferente. Pero es posible recordar algunos de estos viajes y, cuando lo hacemos, comenzamos a descubrir un maravilloso y misterioso viaje desplegándose a través del tiempo y el espacio. Lo que estoy aprendiendo de este viaje es que soy un espíritu libre. Yo fui ese monje, ese hombre de familia, ese herrero, ese soldado, pero esos eran sólo roles que representé. Cuando la consciencia se desarrolla nos tornamos conscientes de que a través de todos esos roles somos un espíritu divino que siempre es libre, que siempre puede ser feliz, sin importar las condiciones externas en las que podamos encontrarnos en esta oportunidad.

Las circunstancias externas no interesan tanto en realidad. Nuestra posición en la vida es menos importante cuando recordamos quienes somos en verdad. No interesa si somos hombre o mujer, monje u hogareño, rico o pobre, negro o blanco, gay o heterosexual. Ya hemos sido todo eso antes. Lo que importa es recordar quienes somos verdaderamente y que representando todos estos papeles aprendamos a amar, a comprender y finalmente, a trascender.

Cuando estaba sentado en ese muro las diferencias culturales entre yo y la gente que me rodeaba no me interesaban. El trasfondo de las distintas religiones no tenía interés para mí. Ser malentendido no interesaba. Esos podrían haber sido asuntos ocupando la mente de los que me rodeaban, pero en mi estado elevado de consciencia eran meras nubes pasajeras. Principalmente experimenté una sensación de luz, dicha y libertad interior.

Estos estados vienen y van, y lleva mucho tiempo y esfuerzo aprender a permanecer continuamente en este tipo de espacio mental. Pero incluso en ese entonces me mostró el beneficio de vivir una vida espiritual. No importa lo que ocurra, cuando nuestra mente está en el lugar correcto podemos ser felices. Lo que más importa es nuestro estado de consciencia.

Lo que se requiere sin embargo, como ya dijimos en un capítulo anterior, es constituir la forma de vida de modo tal que sea conducente al mantenimiento de ese estado. El amor, nuestra necesidad de seguridad y de espiritualidad, necesitan ser balanceadas. Esa es la plataforma sobre la cual elevados estados de consciencia pueden sostenerse. Cuando somos negligentes en el cuidado de estas cosas nuestra vida se torna inestable y estaremos distraídos y molestos. Es imposible mantener un despreocupado y elevado estado mental cuando eso ocurre. Primero, la base necesita ser sólida como roca. Como dice la Biblia, no se puede construir una casa sobre arena. La consciencia superior no es simplemente un estado mental; requiere un estilo de vida.

He notado que no es suficiente simplemente con tener un estado así de vez en cuando. ¿Qué ocurriría si pudiésemos permanecer en semejante estado y se tornase nuestra naturaleza, nuestro estado normal? Mi ideal personal siempre fue la libertad. Este es todavía un trabajo progresivo, especialmente dado que mi idea de liberación se modifica constantemente. Es difícil definir en términos ciertos en que consiste la meta del ser humano aquí en la tierra. Es distinta para cada uno. Cuando consideramos cuántas vidas vivimos todos, resulta bastante obvio que hay diferentes estados en nuestro viaje. Una persona puede haber pasado por muchas más vidas que otra. Incluso dentro de esta misma vida, atravesamos etapas y evolucionamos constantemente mientras nuestras necesidades cambian de un momento al otro. Así que incluso si pudiésemos definir la meta de la vida como una sola cosa concreta, aun así habría diferentes estadios en relación a esa meta.

Digamos, simplemente por argumentar, que la liberación espiritual es la meta de la humanidad. Incluso si este fuese el caso, no todos estarían conscientes de ello de inmediato. Las metas inmediatas y de corta duración de un individuo dependerían de donde se hallan en relación a esa meta principal. Cuando hay un cierto deseo que necesita ser trabajado en una vida particular y si este deseo se interpone en el camino hacia el logro de la verdadera liberación, entonces sería de suprema importancia satisfacer primero ese deseo; conocer y experimentar cuál es la naturaleza de ese deseo, probarlo, vivirlo y consecuentemente arribar a nuestras propias conclusiones sobre ese deseo basadas en la experiencia. La consumación de ese deseo sería el pensamiento más importante en nuestra mente. Nos consumiría y muy probablemente no pensaríamos en muchas cosas más allá de ese deseo. Y no seríamos realmente capaces de superar el obstáculo de este deseo sin primero comprender minuciosamente su naturaleza. No es posible reprimirlo o suprimirlo hasta que desaparezca. Regresará más tarde y tendremos que enfrentarlo en otro momento.

Consecuentemente, todos tenemos metas diferentes dependientes de estos deseos que encontramos en el camino hacia la liberación. A medida que satisfacemos ciertos deseos y comprendemos las consecuencias de nuestras propias acciones avanzamos hasta la próxima etapa. Con cada deseo consumado la mente aprende, cambia y madura.

Cuando era un adolescente mi deseo de liberación se expresaba en el acto de contradecir todo lo que los demás hacían. La idea de conseguir empleo, casarme, endeudarme para comprar una casa, vivir en la misma ciudad y tener el mismo trabajo por el resto de mi vida me aterraba. Esta vacilación en aceptar tuvo una consecuencia de gran alcance. No lo sabía en ese entonces, no lo había pensado completamente, era todavía una expresión inmadura y rebelde de lo que sentía profundamente en mi interior.

Al principio esta expresión consistía en cosas simples, como no querer beber alcohol, pese a que todos a mi

Capítulo 11: Liberación

alrededor lo hacían. O pelear por lo que yo consideraba que era la verdad de un modo muy agresivo y creído. Me involucraba en largas charlas con la gente que yo pensaba habían hecho algún error y trataba de convencerlos de mi verdad o de avasallarlos con mi intelecto. Esta actitud no me hacía muy popular, especialmente dado que yo era astuto con las palabras.

Naturalmente, esto terminó dándome más problemas que el valor de lo logrado y me dejó sin amigos durante un tiempo. Lo que sí fue bueno de eso fue que me incitó a querer salir de mi ciudad tan pronto como pudiese. Si no hubiese sido tan radical muy probablemente todavía estaría allí hasta el día de hoy y no habría podido expandirme y ver el mundo.

A medida que maduré un poco durante el período universitario comencé a redirigir mi desobediencia para con el mundo hacia el intento de mejorarme a mí mismo. Mi actitud anterior me había dejado infeliz y desconforme conmigo mismo, y necesitaba ayuda. Durante estos maravillosos cinco años en la Academia de Diseño, en Eindhoven, Holanda, me encontré con almas sorprendentes y artísticas que provenían de distintas partes del país. Lejos de mi ciudad natal y rodeado de gente creativa y amantes de la libertad, comencé a desarrollarme lentamente. Fue durante este tiempo que conocí a esos santos de la India que mencioné anteriormente en esta historia.

Estos seres hermosos me ayudaron a cambiar mi actitud. Me hicieron consciente de que pelearme con el mundo no iba a hacer mucho por mejorar mi estado de felicidad. Me señalaron que sería mucho más inteligente pelear contra los pensamientos negativos en mi mente y transformarlos en pensamientos constructivos y positivos. Me enseñaron desde el principio que cuidar mi cuerpo, mi mente y espíritu me ayudaría a sentirme y a funcionar mejor. Era un concepto simple, pero comprendí que con un cuerpo y una mente mejor equipados tal vez sería capaz de crear un futuro para mí mismo donde pudiese ser libre y vivir en mis propios términos.

En lugar de luchar con un mundo exterior que estaría por siempre fuera de mi control, podría crear un ambiente interior donde yo estuviese en control.

Mi asociación con estos santos de la India me dejó profundamente impresionado por su amor y sabiduría. También noté en ellos una felicidad interior que no me fue posible detectar en muchos otros a mi alrededor. Quería emular eso. Así que luego de terminar la universidad y obtener mi diploma en Diseño Industrial rompí en pedazos el documento por el cual había luchado tanto, tiré todos mis proyectos a la basura, hice tiras mis obras e ingresé al ashrama de Francia. Todavía radical.

Si bien mis padres apoyaron lo que hice (ellos también eran radicales a su manera y podían apreciar mi intento por encontrar mi camino), nadie más apreció este acto. No podían comprender cómo pude tirar una carrera tan valiosa y pensaron que me había enloquecido. Lo cómico es que, incluso hasta hoy, décadas después, hay gente en mi ciudad natal que todavía piensa que ingresé a un culto oriental.

Capítulo 11: Liberación

En realidad jamás me preocupé por lo que los demás pensaban de mí. Lo que era importante para mí era intentar llegar a un estado mental y desarrollar una forma de vida donde me sintiese libre. Ingresar a un ashrama en Francia fue lo que en ese entonces se sintió como lo más libre para mí. Rodeado de almas sinceras y de mentalidad espiritual pasé un período muy bueno, vivir en santa compañía elevó mi mente.

Sin embargo, a medida que pasó el tiempo las cosas comenzaron a cambiar. El cambio fue lento y casi imperceptible. Desde el comienzo de mi vida en el ashrama me sentí atraído por la idea de ser un monje, un sannyasin, y pasaba mucho tiempo y energía preparándome para esta misión. Fue ese deseo que me llevó a India, donde podría aprender en la fuente misma de ese conocimiento. Lentamente, preocuparme en ser monje se tornó más importante que vivir una vida espiritual simple y pura. A medida que pasaba el tiempo los deberes y responsabilidades de la religión organizada comenzaron a dominar mi vida. Sin saberlo yo mismo, había creado una forma completa y nueva de ataduras.

Por supuesto, vivir como monje no fue una pérdida de tiempo. En lugar de estar ocupado día y noche en asuntos familiares y en hacer dinero, tenía la oportunidad de estudiar las escrituras sagradas y meditar a orillas del rio Ganges y en templos remotos de los Himalayas. Y no simplemente por unas semanas, sino durante años. Eso produce algo en el interior, te cambia para bien.

Una ventaja extra de vivir en una cultura radicalmente diferente como la de India fue que me arrancó por entero de todo lo que había conocido hasta ese entonces. En un lugar como India todo es diferente. La comida, el clima y, sobre todo, la cultura. Allí uno no puede confiar en tener todas las cosas que conocemos y nos hacen sentir cómodos. Es necesario depender de algo sólido en el interior. Por mucho que me gustaba India y la vida monástica, jamás quise ser un indio y reemplazar mi cultura e identidad europea por otra. Estaba abierto a investigar mi condicionamiento europeo y realizar cambios, pero no a costa de mi auténtico ser. Estaba allí para aprender y para expandirme, no para volverme indio. Esta tenacidad, una vez más, fue lo que hizo que la gente de mi tradición religiosa predominantemente India se sintiese incómoda. Querían que yo acatase. Lo que ellos no comprendían era que con el paso de los años yo me había vuelto un experto en desobediencia y, que ahora, en vez de argumentar abiertamente, había encontrado formas de intentar lograr lo que necesitaba sin contrariar abiertamente a la gente que me rodeaba. Estaba allí voluntariamente, tratando de aprender, de estudiar, de absorber sin ser atrapado completamente por otro estándar más de circunstancias.

Pero todavía requería esfuerzo. Fue recién después de diez años en India que finalmente llegué al lugar donde no era europeo ni indio. Había encontrado algo dentro de mí donde podía apreciar lo mejor de ambas culturas sin ser unilateral ni predominantemente una cosa u otra. No quiero decir que importe si uno es una cosa u otra, pero mi idea era la liberación y eso incluía también la libertad del adoctrinamiento cultural. No estar en contra de ninguna, pero siendo capaz de ser flexible y lo suficientemente

Capítulo 11: Liberación

apreciativo para comprender realmente las mejores aspectos de cada cultura sin tener que transformarme en ellos. Beber la miel sin quedarme pegado al pote de miel. Y lo que es también muy importante, desprenderme de las características negativas de cada cultura que uno absorbe inconscientemente. Es sólo entrando en contacto frontal con otras culturas que comprendemos la diferencia. Estas diferencias pueden tornarnos conscientes de nuestras propias estrecheces y prejuicios. India hizo mucho por mí en ese sentido. Me mostró qué significaba ser europeo. Cuales eran mis puntos fuertes y mis debilidades en comparación con los hindúes. Quería continuar aprendiendo, desarrollarme y abrirme a mis virtudes y las de la cultura India, o a las de cualquier cultura de hecho.

Esta actitud de amante de la libertad es lo que finalmente me hizo dejar el mundo monástico también. Había servido su propósito, para mí. Así como la gente de mi ciudad me consideró perdido y loco por dejarla, del mismo modo, desafortunadamente, mis hermanos monásticos no pudieron comprender por qué me iba. Ellos también consideraron que estaba perdido. En mi corazón yo los amaba profundamente y todo lo que ellos representaban, pero para mí fue necesario seguir avanzando. Necesitaba enfrentar lo que Carl Jung describe como la sombra.

Durante los últimos años como monje me volví cada vez más consciente de aspectos más profundos dentro de mi mente que aun necesitaban atención. Era fácil ignorar estos aspectos de mi personalidad inconsciente, ya que según los principios de mi tradición religiosa yo ya estaba en 'el sendero noble y bueno'. Especialmente luego de unos veinte años en la orden religiosa, ahora estaba dando clases y conferencias públicas sobre filosofía y había gente que venía a verme en busca de consejo e inspiración. A pesar de eso, comencé a sentirme cada vez más atrapado por las mismas cosas que se suponía que habrían de liberarme. Lentamente me transformé en un tigre atrapado en una jaula. Mi meditación y mis prácticas espirituales me habían fortalecido, confiado y enfocado. Los estrechos confines de la orden religiosa y las restricciones que se imponían sobre mí se tornaron cada vez más limitantes. Yo amaba profundamente a la búsqueda espiritual y creía en ella, y en el logro de una consciencia superior, pero sentía más y más que la forma en la que vivía se estaba volviendo más una carga que una ayuda.

Un día, cuando estaba sentado a solas en un lugar del monasterio, repentinamente me sentí transportado a un momento después de la muerte. Me vi a mí mismo sentado allí, en el futuro, mirando atrás hacia la mi vida como monje. Una presencia divina se sentó a mi lado y comenzó a hablarme. Bromeando y medio sarcásticamente me dijo: "Es tan maravillosa esta vida monástica, ¿sí? Dando conferencias, enseñando a la gente. Vistiendo el noble y hermoso hábito ocre que los devotos en tu pequeño mundo aislado tanto respetan y adoran. Pero es todo vanidad, ¿no lo ves? Te volviste cómodo. Todo es demasiado fácil para ti. Ahora la gente está comenzando a apreciarte. Les encanta tu consejo, tus charlas. Pero una cadena aunque hecha de oro no es

Capítulo 11: Liberación

menos fuerte para atar. Si te quedas aquí más tiempo sólo estarás engañándote a ti mismo. Vas a decirte que estás caminando el sendero sagrado, pero profundamente en tu interior estás ignorando lo que realmente necesita ser hecho, volverte libre. No tengas miedo, hijo mío. Sigue viaje. Si no lo haces, tendrás un boleto de regreso a la tierra nuevamente. Tendrás que nacer de nuevo para terminar lo que no tuviste el coraje de terminar esta vez. Necesitas enfrentar la realidad y solucionar estas últimas cosas que se interponen en tu camino a la completa liberación. La gente no va a entenderlo, pero tú sí. Estarás caminando el sendero hacia la liberación interior".

Una semana más tarde dejé el monasterio.

Cuando una puerta se cierra otra se abre. Casi sin dinero y con una educación desactualizada, la única persona a mi lado era Jenna, quien luego se volvió mi esposa. Juntos comenzamos un pequeño centro holístico donde enseñábamos yoga y vendíamos parafernalia espiritual. Fue aquí donde decidí regresar a la universidad y volverme un hipnoterapeuta clínico, luego de leer los libros del Dr. Michael Newton: "El viaje de las Almas" y "El Destino de las Almas". Ahora, años después, enfrenté a la sombra y me transformé en alguien mejor gracias a ello. Aprendí a integrar la necesidad de seguridad, amor y espiritualidad. Del mismo modo que traté de obtener lo mejor de mi cultura europea y aprender de la cultura india, ahora intento extraer lo mejor de la cultura monástica e integrarlo en mi nueva vida. Estoy tratando de preservar y nutrir lo que aprendí y desarrollé en mi vida como monje en una nueva forma de vida en el mundo. Descarté lo que encontré limitante y restrictivo como monje y abracé una nueva vida donde poder ser libre. El arte consiste en siempre estar bien despierto y alerta. Tan pronto como nos sentimos satisfechos y nos apegamos a algo nos estancamos.

Mi historia es sólo un ejemplo de cómo mi búsqueda de la liberación me mantuvo en movimiento. Para ello, uno debe ser valiente y honesto consigo mismo. La fuente de mi coraje siempre ha sido el conocimiento de que he vivido muchas vidas antes y que he intentado hacer de este principio filosófico una realidad viviente y tangible. Esta es mi verdad y vivir según esta verdad tuvo implicaciones positivas para mí. No vacilo en dejar lo que siento como una carga y lo que limita mi libertad, ni en aceptar mejores caminos cuando los encuentro.

La aterradora idea de que vivimos sólo una vez nos asusta y nos apega a las cosas de este mundo. Pero cuando sabemos que vivimos antes, y que viviremos de nuevo, comenzamos a enfocarnos más en las cosas que nos traen felicidad y paz a largo plazo. También es posible dejar con más facilidad los roles que representamos.

Estos papeles son la máscara que llevamos. Estas máscaras son lo que en la filosofía de la India se llaman 'vainas limitantes'. Estas son las diferentes capas de la cebolla envueltas alrededor de nuestra identidad central, el Alma o el Ser. Cada capa es una máscara y nos limita, de ahí el término vainas limitantes. Cuando pienso que soy meramente un hombre no puedo identificarme con una mujer o con un gay. Cuando pienso que soy europeo no puedo identificarme con un americano. Cuando pienso

Capítulo 11: Liberación

que soy católico no puedo y no quiero relacionarme con un hindú. Cada capa me restringe y delimita el rango de mi alma para conectarse más allá de mi personalidad limitada. Cuanto más finas sean las capas mayor será mi corazón y más podré expandirme e identificarme con la diversidad que me rodea. Cuantas más gruesas sean las envolturas mayor será la identificación con mi limitada identidad y más miedo tendré de interactuar e identificarme con los demás. Cuanto más me identifique con mi realidad central, mi Alma, mayor será el coraje y la expansión que tenga. Así que como ven, saber que somos un alma eterna que viaja de vida en vida tiene beneficios directos. Nos hace más expansivos, valientes y amables. Y esto se traduce en un nivel superior de felicidad.

Cuando realicé la ceremonia para transformarme en monje, diez años después de ingresar a la Orden monástica, no tomé votos. En lugar de eso, me senté al lado del fuego sagrado y ofrecí sesenta y cuatro de esas vainas limitantes en el fuego. Este principio me es muy querido y es lo que intento vivir incluso hasta hoy, y muy probablemente lo siga haciendo hasta el último de mis días en esta tierra. No es necesario ser monje para vivir según este principio. De hecho, para mí ser monje era una de esas vainas limitantes que finalmente necesitaba dejar ir. Prefiero el término yogui. Un yogui es uno que se esfuerza por ser libre de esas limitaciones. No interesa cuál sea nuestro rol en la vida. Sea que uno esté casado y tenga hijos, sea que tenga tendencias heterosexuales, gay o sea transexual, que sea blanco, mestizo, de Europa, de Asia, o de América, el principio sigue siendo el mismo.

Cuanto más máscaras perdamos más grande será nuestra personalidad. La libertad, he descubierto, consiste en no tener máscaras.

Algunos que me conocían de mis días de monje me preguntaron: ¿cómo puedes mantener una vida espiritual después de dejar el monasterio, ahora que tienes que trabajar y hacer dinero como cualquier persona? A lo que respondí, ¿quién dice que tengo que hacer dinero como cualquier otro? ¿Quién dice que tengo que matarme trabajando todos los días de la semana, año tras año, esperando que algún día en el futuro me jubile y pase unos pocos años de relajación y descanso? El dinero es importante como herramienta solamente. Una herramienta que tiene su merecido lugar en el triángulo de una vida equilibrada, junto al amor y la espiritualidad. Sólo precisamos hacer tanto dinero como necesitamos para sobrevivir. El dinero sólo se requiere como una forma de seguridad y protección. No mucho más. Si mi vida monástica hubiese sido reemplazada por un fuerte deseo por dinero y lujos entonces sí, tendría que trabajar día y noche. Pero no tengo ese deseo. Mi deseo es ser libre. No necesito tanto dinero porque conozco que la enorme cantidad de tiempo y energía requerida para hacer esa clase de dinero me ataría en vez de hacerme libre. Como valoro el amor y la espiritualidad en mi vida, el dinero sólo apoya ese sistema y no lo domina. Simplemente necesito lo suficiente para estar seguro. Ahora comprendo que cuando la seguridad, el amor y la espiritualidad están bien balanceadas en mi vida, el resultante es la libertad.

El otro día tuve una charla sobre este tema con un padre

joven, quien me dijo que mis ideas no eran realistas. Dijo que ahora, que se había vuelto padre, su familia necesitaba estabilidad y que él tenía que trabajar duro para proveer para ellos. Me di cuenta de que no estaba muy inclinado a escuchar así que no me sentí con ganas de decirle algo que no estaba dispuesto a oír. Pero en mi mente pensé que él sólo cree que necesita todo eso. Piensa que la estabilidad significa poseer un montón de cosas. Piensa que necesita una casa de medio millón de dólares para su familia. Siente que necesita dos SUV (vehículos utilitarios deportivos) de cincuenta mil dólares, uno para él y otro para su esposa, porque todos los demás padres también los tienen. Cree que necesita un televisor de plasma en cada habitación porque así es como el subconsciente colectivo fue programado por la propaganda televisiva. La estabilidad no es un concepto financiero. En realidad, gastar demasiado tiempo y energía en adquirir riqueza financiera obstaculiza la estabilidad. El triángulo de una vida balanceada requiere la distribución de tiempo y energía en todos los tres aspectos; seguridad, amor y espiritualidad. La vida sería inestable sin esta distribución equitativa de energía y nuestro ser interno sufriría en consecuencia.

Se nos ha lavado el cerebro en forma colectiva. En realidad no necesitamos todas esas cosas. Seríamos igualmente feliz en una casa sencilla, con pocas cosas, usando más energía el uno en el otro, haciendo cosas divertidas juntos, que trabajando una cantidad de tiempo desproporcional por cosas que la sociedad nos dice que necesitamos.

Lo que aprendí siendo monje fue que era feliz sin televisor

ni dinero, estando solo en una habitación leyendo un buen libro. No estoy proponiendo que todos necesitan hacerse monjes, pero sí necesitamos volver a la simplicidad. De ese modo podemos liberar tiempo y energía para hacer otras cosas. Tendremos tiempo para estar con nuestros seres amados o tiempo para hacer yoga, meditar y relajarnos.

Esta forma de pensar sólo es posible cuando somos capaces de pensar por nosotros mismos y elevar nuestras mentes más allá de la mente colectiva. Simplemente pensemos por un momento en todas las otras vidas que vivimos. ¿Alguna de las cosas que deseamos hoy estaba disponible en aquel entonces? Mirando retrospectivamente a todas esas vidas, ¿qué es lo que siempre fue importante para nosotros? Cuando morimos, una y otra vez, ¿cuáles eran nuestros arrepentimientos y cuales nuestros mayores logros? ¿Qué valorábamos en ese entonces por sobre todo lo demás? Apuesto que no era un SUV o una TV de pantalla plana.

Me imagino que cuando nos sentamos allá, luego de morir, mirando hacia atrás, a nuestra vida, lo que lamentamos fue no haber pasado más tiempo con aquellos que amábamos. O lamentamos haber gastado tanto tiempo preocupándonos por cosas que no eran importantes. Que en lugar de eso debimos haber usado más tiempo y energía invirtiéndolo en cosas que ayudaban a evolucionar a nuestra alma.

Continuar consumiendo más no se convierte en felicidad. Nuestro modelo económico de una economía creciente y saludable es fundamentalmente defectuoso. ¿De dónde provienen los recursos para mantenerlo creciendo en

Capítulo 11: Liberación

forma continua? Si cada persona en esta tierra llegase al nivel económico que tienen los americanos en el presente, necesitaríamos cuatro planetas para abastecer los recursos. Sería más sabio pensar de nuevo nuestras costumbres. Nosotros también somos responsables por esta locura de consumir ciegamente y querer más y mejores cosas.

Deberíamos reevaluar nuestras vidas desde la base al tope, para investigar fundamentalmente por qué hacemos lo que hacemos y efectuar cambios. Comenzar a pensar en términos del crecimiento del alma en lugar del crecimiento económico. Cuando compartamos por igual los recursos y aprendamos a cuidarnos unos a otros podremos eliminar tanto miedo e inseguridad y a la vez liberar nuestros recursos mentales para cosas más elevadas. No estoy proponiendo el comunismo. Estoy proponiendo una modificación en la consciencia que prioriza las cosas significativas que verdaderamente generan paz interior y felicidad. La dirección en la nos movemos hoy como sociedad colectiva nos ha hecho creer que estamos avanzando hacia la felicidad, pero en cambio nos está robando nuestros recursos, interna y económicamente. No es sustentable y no va a funcionar. Necesitamos despertar. El viaje comienza con cada uno de nosotros individualmente.

Tercera Parte
Despertando al Significado de Nuestro Más Elevado Propósito

Tercera Parte: Despertando al Significado de Nuestro Más Elevado Propósito

Esta tercera y última parte nos muestra qué ocurre cuando los tres pilares de nuestra vida están en harmonía. Las narraciones de los que aparecen en esta sesión demuestran lo que ocurre cuando nuestra consciencia se libera de los apegos terrenos y despierta a la verdadera naturaleza de nuestro propio Ser.

Aprendemos a qué se asemeja semejante estado, cómo se experimenta y qué es lo que hace por nosotros, aquí y ahora en la tierra.

Tercera Parte: Despertando al Significado de Nuestro Más Elevado Propósito

Capítulo 12
El Cuarto Estado

Verónica es una empresaria de Carolina del Norte, de 52 años de edad, de aspecto juvenil, valiente y llena de vida. Con sus zapatillas y su pelo corto, parecía salida de la película Westside Story. La mayoría de los clientes me contactan luego de leer los libros del Dr. Michael Newton: "El Viaje de las Almas" y "El Destino de las Almas". Ella no había leído ninguno, pero había oído sobre el proceso y estaba muy interesada. Su cuestionario de admisión describía un 'anhelo' por algo más. Si bien todo en su vida parecía estar en orden, tenía una sensación de desconexión con la gente que le rodeaba, como si estuviese fuera de lugar. Explicó que no había nadie en su mundo con quien pudiese hablar realmente. Hasta sentía,

Capítulo 12: El Cuarto Estado

no de modo suicida, sino más bien de un modo existencial, que en realidad ya no quería estar más aquí. Quería que sus encarnaciones se acabasen de una vez.

Durante el ingreso hipnótico noté que ella rápidamente entró a un profundo estado alterado de consciencia. Un proceso normal al estado de regresión es la regresión al útero, donde llevamos a alguien de regreso justo al momento antes de nacer, cuando todavía están en el útero de la madre. Esta experiencia puede ser muy emotiva y terapéuticamente intensa. El alma todavía continúa parcialmente conectada al estado de la vida entre vidas y entra en contacto con el nuevo cuerpo para el viaje que le espera.

Durante las regresiones, no es inusual para el alma ingresar a la esfera de la vida entre vidas directamente desde el útero, si bien la ruta tradicional sería entrar primero en una vida pasada. Verónica se describió a sí misma como ascendiendo directamente desde el útero a otra dimensión. Curiosamente, este viaje no se caracterizó por mucha percepción visual. Es importante notar que no todos son igualmente perceptores de elementos visuales. Algunas almas describen elaboradamente escenas detalladas y eventos, mientras que otras tienden a ser mucho más mentales en sus experiencias. Con el paso de los años aprendí que ésta última no es menos efectiva o intensa. Todos tenemos diferentes modos de ver y comprender las cosas. Algunas personas son visuales, otras auditivas, otras sinestésicas, otras mentales, etc. Somos todos únicos en el modo de procesar y comprender las cosas. Como terapeuta es clínicamente importante comprenderlo y adaptarse en consecuencia, permitiendo al cliente que experimente y exprese las cosas del modo que funciona mejor para ellos. No podemos calificar una experiencia basados en la forma en la que fue expresada o experimentada.

Consecuentemente, la descripción de Verónica era puntual y desprovista de descripciones prolongadas. Ella simplemente estaba 'allí'. No había Guía, Consejo, ni experiencia de otra cosa excepto estar a la deriva en un alto estado de consciencia. Para aquellos que leyeron los libros de Michael Newton, esto puede resultar una sorpresa. La mayoría de las narraciones registradas en su obra describen mundos elaborados, con estadios diferentes, donde el alma se detiene y procesa las experiencias. Pero luego de conducir muchas sesiones he presenciado a algunas almas entrar a una realidad informe y sin visiones. Mi propia experiencia de vida entre vidas fue muy similar, así que comprendo por experiencia de qué se trata este estado. Las almas con esta característica experimentan esa realidad de forma diferente. Tal vez no sea una elección consciente, pero para ellos, la experiencia del estado de vida entre vidas es un océano abstracto, dichoso, de súper-consciencia. Es muy similar a la forma en la que algunas escuelas filosóficas Orientales describen el 'cuarto estado'. Los primeros tres estados mentales son la conciencia durante la vigilia, sueño con ensueños, y el estado de sueño sin ensueños. El cuarto estado es llamado 'turiya'. Todos somos capaces de acceder a estos cuatro estados de consciencia. A los primeros tres accedemos diariamente; al cuarto es más difícil llegar.

Turiya es descrito como la consciencia pura, el trasfondo que sostiene y trasciende a estos tres estados comunes de consciencia. Es un estado de consciencia elevada donde

Capítulo 12: El Cuarto Estado

uno experimenta un sentido de infinitud y ausencia de toda forma, libre de las experiencias de dualidad tal como las conocemos en esta tierra. Es un estado en el cual presenciamos a nuestro verdadero Ser como estando más allá de las limitaciones, más allá de causa y efecto, más allá del cambio, dichoso, inmutable, luminoso, inmanente en todas las cosas y trascendiéndolo todo.

Este estado de consciencia es lo que muchos yoguis luchan por experimentar. Como lo describí en un capítulo anterior, ese estado me es familiar porque lo experimenté durante la meditación. Cuando entramos en este estado sabemos que es más real que la realidad experimentada aquí en la tierra. Resulta difícil de explicar y necesita ser experimentado. Es como describir o analizar un vaso con leche y todas sus propiedades. No importa cuán científicamente calificados podamos ser, no importa cuán bien podamos describir la leche, a menos que bebamos la leche no podremos saborearla ni ser nutridos por ella.

Es importante comprender que somos capaces de acceder a este estado de consciencia. Es ambas cosas; es un 'lugar' al igual que un 'estado'. Es un lugar en el sentido de que nos transporta fuera del mundo diario que conocemos. Y es un estado en el sentido de que transciende este mundo y nos conecta a esta infinitud más allá de nombre y forma, allende la dualidad de nuestro mundo.

Así que cuando Verónica entró a esta frecuencia, inmediatamente supe que ella estaba allí. Había entrado al estado de turiya.

P: Describe cómo te sientes ahora.

Verónica: Es difícil describirlo. Simplemente estoy

flotando. SOY *(con una lágrima grande corriendo por su mejilla)*.

P: ¿Hay algo o alguien a tu alrededor?

Verónica: No, simplemente estoy aquí.

P: ¿Puedes elaborar?

Verónica: El mundo como lo conozco no está aquí. Estoy tan en paz.

P: ¿De qué estás consciente?

Verónica: De que aquí es donde quiero estar, donde quiero quedarme. Aquí es donde verdaderamente pertenezco.

P: ¿Es este un buen lugar para hacer algunas preguntas sobre Verónica?

Podría parecer que le realicé esta pregunta demasiado anticipadamente en su sesión, pero más de treinta minutos habían pasado en colocarla en este estado profundo de consciencia. Entre cada pregunta que realizo y cada respuesta que recibo de ella pasa bastante tiempo, ya que ella responde muy lenta y deliberadamente. Una sesión de vida pasada y de vida entre vidas puede durar más de tres horas.

Verónica: Sí.

P: Verónica describe cómo ella no encaja, cómo lucha para adaptarse.

Verónica: Estando aquí ahora lo comprendo.

P: Ayúdame a entenderlo, por favor.

Verónica: Profundamente, dentro suyo, recuerda este estado. Anhela regresar aquí.

Capítulo 12: El Cuarto Estado

P: Entiendo. ¿Qué recomendarías?

Verónica: Necesita ponerse en sintonía con este lugar.

P: ¿Por qué no lo ha hecho?

Verónica: Lo había olvidado.

P: Dijiste que ella 'anhela regresar aquí'.

Verónica: Sí, por eso es que se estuvo sintiendo tan separada de todo y de todos a su alrededor.

P: ¿Qué estás sugiriendo?

Verónica: No es necesario que abandone esta tierra.

P: Explica, por favor.

Verónica: Antes ella quería irse. Quería conectarse a algo más significativo.

P: ¿Y ahora no?

Verónica: No se trata de dejar el mundo. Se trata de llevar esta consciencia a la experiencia humana.

P: Continúa, por favor.

Verónica: Cuando no estamos conectados queremos escapar de la realidad terrena. Creemos que la percepción trascendental es la solución. Pero incluso esto es una forma limitada de ver las cosas.

P: ¿Por qué?

Verónica: El verdadero despertar es cuando estás en la tierra y, sin embargo, despierto a la consciencia trascendental.

P: ¿No hay necesidad de 'escapar' entonces?

Verónica: Exacto. La idea de escapar es una forma estrecha de ver las cosas. Lo que más bien hay que hacer es integrar.

P: ¿Quieres decir integrar lo transcendental en la conciencia de la vida diaria?

Verónica: Sí. Verónica necesita dejar de intentar huir, de pensar que en algún otro lugar va a ser mejor.

P: ¿Qué sugieres en vez de eso?

Verónica: Me siento tan libre y viva en este momento. No hay mundo. No hay motivo por el cual Verónica no pueda sentirse así también.

P: Claro, porque tú también eres Verónica.

Verónica: Sí, sí, así es.

P: No hay dos 'tú'.

Verónica: En su mente, Verónica separa al mundo más elevado de la realidad de su consciencia cotidiana. Pero ambos pueden coexistir.

P: Ese es un concepto elevado.

Verónica: Es la meta. Qué sentido tiene tener que dejar este lugar para descender a la tierra y permanecer estancados en un estado de consciencia normal. A menos que llevemos la luz con nosotros al descender, siempre existirá la división.

P: ¿División de la consciencia?

Verónica: Si, la división entre pensar que no podemos experimentar dicha y libertad mientras estamos conectados al cuerpo.

P: ¿Crees que Verónica va a recordarlo?

Verónica: Una vez que llegas hasta aquí no puedes regresar. Ahora lo sabes.

Capítulo 12: El Cuarto Estado

P: ¿Cómo sugieres que Verónica integre esa experiencia?

Verónica: Meditar.

P: ¿Puedes explayarte?

Verónica: Meditación sobre esta experiencia, sobre este estado en el que estoy en este momento, eso le permitirá reconectarse. Por medio de la práctica ella puede trasladar esta experiencia e integrarla en su consciencia.

P: Eso es enorme.

Verónica: Se ha sentido aislada porque no comprendió que puede abrirse a este estado superconsciente e invitarlo a su interior. En vez de eso pensó que necesitaba dejar este mundo.

P: ¿Cómo te hace sentir esta realización?

Verónica: Maravilloso. Permíteme un tiempo a solas por favor.

La dejo sóla por un tiempo y luego le pido que me avise cuando esté lista.

Verónica: OK, ya terminé.

P: ¿Cómo te sientes?

Verónica: Bien.

P: ¿Bien nada más?

Verónica: Más que bien *(con una sonrisa)*.

P: Verónica escribió una lista de preguntas. ¿Quieres que lea algunas?

Verónica: Puedes, pero no son importantes.

P: ¿No?

Verónica: No.

P: ¿Por qué no?

Verónica: Esas son preguntas que surgen del miedo y de la consciencia limitada de Verónica.

P: ¿No quieres responderlas por el bien de Verónica?

Verónica: Yo también soy Verónica. Lo va a recordar.

Ahora ella está integrando su experiencia de la consciencia superior con Verónica. Comprende que no hay separación entre ambos lados. Se da cuenta de que Verónica y su consciencia más elevada son una y la misma cosa, sólo que vistas desde otro ángulo.

P: OK. ¿Entonces no hay necesidad de más preguntas?

Verónica: No, la verdad que no. Ya lo entendí.

P: ¿Cómo resumirías tu experiencia de hoy?

Verónica: Conseguí lo que más necesitaba. Recordar quién soy y qué estado soy capaz de obtener.

P: ¿Esto cómo va a ayudarte de aquí en más, como Verónica?

Verónica: Ahora recuerdo que tengo un lugar donde poder volver. Y necesito abrirme para permitir que esta consciencia permee cada aspecto de mi vida. No se trata de irse a ningún lado; se trata de vivir correctamente. A menos que traiga nuevamente a mi vida como Verónica a esta consciencia superior no viviré realmente todo mi potencial.

P: Bien dicho.

Verónica: Se trata de vivir a pleno.

P: Sí, la vida iluminada.

Capítulo 12: El Cuarto Estado

Verónica: La consciencia superior es lo que ilumina las experiencias diarias. Sólo estaré tan solitaria y desconectada de los demás hasta el punto en que no permita que la luz brille en mi consciencia.

P: Por eso necesitas integrarte.

Verónica: Sí.

P: ¿Hay algo que hayamos olvidado hoy?

Verónica: No, estoy satisfecha.

Es fácil no prestarle atención al significado de esta sesión. Cuando conocemos clientes que viajan hacia atrás en el tiempo a través de vidas de reyes, pobres, prisioneros, cazadores o sacerdotisas, uno tiende a no entusiasmarse tanto con estos viajes más abstractos. Encontrar un cliente que no experimenta dichos viajes, y que en vez penetra a un estado de consciencia sin forma, sin visiones y sin eventos puede fácilmente ser malinterpretado o ignorado a menos que uno mismo comprenda de qué se trata ese estado.

Incluso la forma como consideramos al más allá es una proyección de nuestra propias expectativas subconscientes. Secretamente deseamos y esperamos que esta vida después de la muerte sea una extensión de la vida aquí en la tierra, pero conteniendo sólo los aspectos positivos de la vida. Esperamos que sea un mundo de confort y belleza sin las aversiones y negatividades que encontramos en la tierra.

Pero si observamos a la súper-consciencia, turiya, como un estado más allá de la dualidad, comprendemos que esperar que el más allá sea meramente un mundo de positivos sin negativos no es realista. No es posible tener uno sin el otro. Por el contrario, tiene más sentido considerarlo como a una dimensión que trasciende a la vida como la conocemos.

¿Cómo conciliamos entonces la experiencia de las almas que experimentan el más allá como un mundo hermoso y organizado, con otras almas que lo experimentan como un estado de consciencia carente de forma y más allá de la dualidad del mundo?

Ambas experiencias son verdaderas. Y dependen de las impresiones que las almas llevan consigo cuando pasan a mejor vida. El cuerpo astral es el acúmulo de las impresiones recogidas durante muchas vidas y está envuelto alrededor del alma como una funda. Lo vemos a través del filtro de nuestras experiencias previas.

Dado que la mayoría de nosotros estamos considerablemente atados a la tierra cuando morimos, llevamos un fuerte condicionamiento con nosotros al fallecer. Así que la idea de un cielo similar a la tierra es llevada al estado de vida entre vidas.

¿Quiere eso decir que la experiencia no es realmente verdadera entonces? Es verdadera, lo es hasta el mismo grado que nuestra vida aquí lo es. ¿Qué tan verdadera es nuestra experiencia terrena entonces? Vemos, oímos, sentimos y olemos una realidad que es moldeada por el rango de nuestros sentidos. Imaginemos cómo sería si no tuviésemos estos sentidos. ¿Experimentaríamos todavía la misma realidad? Si nuestros sentidos fuesen mil veces más poderosos o nuestros ojos fuesen tan poderosos como el más poderoso microscopio del mundo, ¿qué clase de realidad percibiríamos? Muy probablemente no

Capítulo 12: El Cuarto Estado

experimentaríamos a la materia como la conocemos. Sólo veríamos energía.

Es cuerpo astral es también como un instrumento con sentidos. Contiene la totalidad de nuestras memorias e impresiones. Así como experimentamos a la tierra a través de nuestro cuerpo y sus sentidos, igualmente vemos al más allá a través de los sentidos astrales y de las impresiones. La única diferencia es que es más sutil. A veces incluso es posible salir del cuerpo astral y ver la realidad más allá de esta envoltura de condicionamiento.

El estado de turiya es esa realidad que es percibida cuando el alma trasciende momentáneamente los condicionamientos de los sentidos corpóreos y astrales, las memorias y las impresiones. Verónica se conectó con este estado más allá del condicionamiento, en la conciencia pura.

Más importante aún, comprendió que ese estado no se encuentra simplemente 'ahí afuera'. Puede ser experimentado aquí en la tierra también. Esta sección del libro es una introducción a este concepto. Los tres pilares de la vida son propósitos secundarios para esta realización más vasta. Verónica, teniendo sus necesidades básicas cubiertas y su vida bastante en orden, se movió ahora hacia el propósito superior de su alma, el despertar de la conciencia superior mientras vive en el cuerpo, aquí y ahora.

El caso de Verónica y los casos que siguen en estos capítulos son todos variantes de cómo puede experimentarse esta consciencia superior, tanto en el estado después de la muerte como también mientras estamos en el cuerpo aquí en la tierra.

Tercera Parte: Despertando al Significado de Nuestro Más Elevado Propósito

Capítulo 13
Más Allá de las Olas Mentales

Un hombre iba caminando de noche y no vio que los trabajadores habían quitado el brocal alrededor del viejo pozo medieval, pues se encontraba roto. El pozo estaba completamente expuesto y las piedras viejas que formaban el brocal habían sido apiladas a un costado del mismo. Debido a la oscuridad, el hombre no vio los conos plásticos ni los carteles preventivos y cayó una distancia de diez metros hasta llegar al agua.

Estupefacto y mojado por entero, el hombre se alegra de seguir aún vivo y de que el agua del pozo protegió su caída. Tratando de orientarse y recuperarse del impacto, el hombre intenta subir por las paredes del pozo para salir. Pero es inútil. Es demasiado resbaladizo.

Capítulo 13: Más Allá de las Olas Mentales

Afortunadamente hay algo de arena seca en el borde del agua y el hombre se arrastra hasta subir sobre ella. Incapaz de ver cómo salir, comienza a entrar en pánico.

Gritando, chillando, el hombre golpea las paredes pero sin resultado. Nadie puede oírlo, está muy profundo bajo la superficie. Se vuelve cada vez más frenético, gritando cada vez más alto hasta que le duele la garganta y la voz finalmente falla. Luego de treinta minutos de intentar subir y de gritar colapsa desesperado, totalmente deprimido a esta altura, pensando que morirá solo allí. Llorando por largo rato y totalmente exhausto comprende que nadie vendrá a salvarlo. Esta comprensión le hace hervir la sangre. Golpea las paredes con mayor fuerza, maldiciendo a Dios y a todo lo que vive. "¿Cómo puede pasar esto? ¿Qué es esto, porqué me ocurre esto a mí? Es todo culpa tuya. ¿Cómo pudiste permitir que sucediese?" Aun así nada sucede, no hay nadie para ayudarlo. Dios no aparece para sacarlo del pozo.

Luego de agotar todas sus emociones, el hombre se queda silencioso. Calmado ahora, simplemente porque ya no le quedan energías. Sólo se sienta ahí, mirando fuera de foco. Cuando se calma y sus emociones se evaporan, comienza a ver las cosas con mayor claridad. Para su gran sorpresa, se da cuenta de que todo este tiempo, en un extremo del pozo, hay peldaños de metal empotrados en la vieja pared. Peldaños que él puede usar para escalar y salir del pozo. Estaba tan enredado en sus emociones que no los había visto. El pánico, la depresión, la ira, nublaron su mente. No importa que emoción surgiese, no importa qué cosas se dijese y se hiciese creer a sí mismo, nada cambió. Ni el pánico, ni la depresión, ni el enojo mejoraron en nada la situación. Fue sólo cuando se calmó que la niebla de las emociones se levantó de su mente y comenzó realmente a investigar el pozo. Antes estaba demasiado preocupado con sus emociones. Las historias que se había dicho a sí mismo era lo que brillaba frente a sus ojos, no la imagen clara de las paredes del pozo.

No importa por qué cayó en el pozo. Tampoco importa lo que sintió allí, ni qué clase de emociones, opiniones y pensamientos nublaron su mente. El hombre seguía en el pozo y esa realidad no la cambiaba cosa alguna.

Esa es la historia de nuestras vidas. La gente que cree que las condiciones del medio ambiente, la influencia de los padres y la predisposición genética son meramente los responsables de su presente realidad tiende a pensar, muy en su interior, que ellos no son responsables. Que ellos simplemente nacieron de esa manera y en esas circunstancias. Las personas que nacieron privilegiadas se consideran superiores y afortunadas y las que nacieron en circunstancias difíciles se sienten débiles e incapaces. Pero todos podemos caer dentro del pozo. No sabemos en qué momento el karma puede pillarnos.

Cualesquiera sean las cartas que se nos haya dado, sólo nosotros somos responsables de trabajar con lo que nos ha tocado. No importa cómo llegamos aquí o cual sea nuestro sistema de creencias, esto es lo que tenemos para trabajar. Podemos quejarnos todo lo que queramos y diferir la responsabilidad. Si queremos cambiar, nadie va a hacerlo por nosotros. Nadie va a sacarnos de ese pozo. Cuánto antes despertemos a esa realidad, mejor será para nosotros.

Capítulo 13: Más Allá de las Olas Mentales

Aquello que se interpone y no nos permite ver lo que es posible y cuál es el camino de salida, son las oleadas de emociones que surgen en nuestra mente. Estas provienen en parte del mundo exterior y en parte del interior de nuestra mente. Casualmente, la definición de yoga según el antiguo filósofo Patanjali, habla de estas ondas mentales. Dice lo siguiente:

Yogah chitta vritti nirodhah. Este texto es en idioma sánscrito y se traduce como: "yoga es el cese de las olas mentales".

Cesación aquí significa poner fin, detener las olas de la mente. La palabra yoga significa unión (deriva del sánscrito; la palabra 'yuj' significa unir o integrar). Permítanme explicar esta idea de unión con una corta metafóra.

Comiencen visualizando un gran lago, alto en las montañas. Es un día soleado pero el viento sopla con gran fuerza creando olas. Estas olas a su vez mueven y levantan la mugre depositada en el fondo del lago. Si nadamos bajo el agua esta mugre en el agua nubla nuestra visión. La mugre y las olas imposibilitan que podamos ver incluso el sol brillando sobre la superficie.

Si estamos nadando en el lago y repentinamente la tormenta se detiene, vemos que las olas se calman y la mugre se asienta una vez más en el fondo. En minutos el agua se aclara completamente y la superficie del lago se vuelve lisa como un espejo.

Sumergiéndonos nuevamente bajo la superficie ahora vemos los hermosos rayos del sol atravesando las aguas cristalinas, creando un espectáculo sorprendente. Durante y después de la tormenta de viento, el sol siempre estuvo brillando. Pero debajo de las aguas agitadas no era posible ver cosa alguna. Cuando las olas de la mente se detienen, podemos ver el sol de nuestro Ser brillando en nuestra mente.

La mente consciente es la superficie del lago donde ruge la tormenta de los interminables pensamientos. La mente subconsciente es el mundo bajo el agua donde la mugre depositada es sacudida y levantada por esa tormenta.

En el cristianismo decimos: "el reino de Dios está en nuestro interior". En la filosofía Oriental decimos: "somos el alma". Como dijo Pierre Teilhard de Chardin: "Somos espíritus teniendo una experiencia humana, no humanos teniendo una experiencia espiritual".

Comparemos nuestra esencia, nuestro Ser superior, con el sol. Siempre está brillando, sin importar las olas que pueda haber en la mente. Tal vez no sienta esta luz interior debido a que mi mente y mi subconsciente son como esa tormenta en el lago. Siempre hay algo ocurriendo, tormentas embravecidas, mugre y escombro flotando a la deriva. Sólo cuando esto se calma, el sol es capaz de brillar a través del lago. Cuando eso sucede comenzamos a disfrutar de la luz y la paz surgiendo desde el interior. Cuando somos capaces de tranquilizar las olas de nuestra mente, comenzamos a experimentar esa paz.

Unión, o verdadero yoga, ocurre cuando nuestro Ser superior se conecta con la realidad última, sin ser obstruida por las olas de nuestra mente.

Capítulo 13: Más Allá de las Olas Mentales

En este estado de conexión completa, podemos atraer salud, prosperidad y energía a nuestras vidas. Este no es un concepto religioso. Esta es la ciencia de la mente. La mente consciente y subconsciente necesitan calmarse, tornarse claras y transparentes, para que esa unión, yoga, pueda ocurrir.

Cuando las olas mentales se aquietan, comenzamos a llegar a las zonas más profundas y calmas de nuestro verdadero Ser. Existimos en tres niveles; el cuerpo, la mente y por debajo de esos se encuentra el Ser superior. Este Ser superior es la luz que ilumina todas esas diferentes capas.

LA NATURALEZA DE LAS OLAS

La naturaleza de estas olas consiste de deseos. Eso es lo que la filosofía budista declara como la causa del sufrimiento. ¿Pero qué podemos hacer con estos deseos? Desde los púlpitos oímos decir que necesitamos renunciar a los deseos. ¿Pero cómo?, y ¿deberíamos hacerlo realmente? Yo mismo intenté eso durante mis veintiún años como monje en un monasterio. Todo era motivado por ese esfuerzo de renunciar y superar estos deseos.

Hoy en día tengo mis dudas respecto a este método. Cuando hablo con un cliente y veo que este cliente tiene cierto deseo poderoso en la vida, incluso cuando noto claramente que esta persona estaría mejor no teniendo ese deseo, sé que el deseo no se va a ir simplemente porque se lo aconseje.

Lo que me parece al presente es que cuando intentamos

eliminar las olas mentales, en lugar de aconsejarle a alguien que 'renuncie' al deseo, o que intente 'conquistar' ese deseo, hay métodos más afectivos a nuestro alcance.

El primer método es simple, ayudar a esta persona a consumar su deseo. Esto puede ser una tarea difícil, especialmente cuando en ese momento particular no tiene la capacidad de realizar su deseo. Es como querer ser rico sin tener la educación o la experiencia necesaria. Lo que causa sufrimiento es tener un deseo que no puede aún ser consumado. Esto crea ondas de inquietud en la mente.

En lugar de ser realista y decirle a esa persona que abandone ese deseo que se está interponiendo en su logro de la paz mental, parece mejor mostrarle a esa persona cómo obtener la educación apropiada, prepararse y alcanzar las calificaciones necesarias para hacer el dinero que desea. Cuando esa capacidad sea lograda, esa persona podrá experimentar por sí mismo qué significa y cómo se siente ganar dinero. Sólo entonces podrá juzgar justamente si ese dinero habrá de traerle la felicidad y la paz que está buscando. Primero necesitamos la experiencia.

Otra forma de lidiar con los deseos, una vez que la experiencia fue obtenida y la persona está lo suficientemente madura mental y espiritualmente, es iluminar su consciencia. Ayudar a esa persona a comprender que lo que antes deseaba no era algo realmente conducente a la felicidad. No se trata realmente de renunciar, sino de tornarse espiritualmente consciente, de madurar. Es como cuando llegamos a la mediana edad y repentinamente comprendemos que los deseos infantiles que teníamos siendo niños no son lo que realmente deseamos hoy.

Capítulo 13: Más Allá de las Olas Mentales

Ahora estamos más educados, más crecidos y podemos desprendernos de ellos. No hemos renunciado a esos deseos, sino que ahora nos quedan chicos. Nos hemos vuelto lo suficientemente sabios como para ver que esas primeras fantasías resultan tontas e inútiles para nosotros hoy.

En una sesión de vida entre vidas, nuestro Ser superior y nuestros guías espirituales generalmente aconsejan al alma basándose en los dos escenarios descritos arriba. Si el alma todavía necesita experimentar ciertas cosas, le aconsejan que lo haga y que obtenga la requerida experiencia. Pero si el alma ya ha experimentado ciertas cosas una y otra vez y aun así continúa repitiendo los mismos patrones, pueden intervenir y alentar al alma para que cambie y abandone ese hábito y deseo.

La meta a largo plazo es silenciar los deseos y las olas de la mente. Para alcanzar una consciencia despierta, estas olas necesitan ser detenidas. Una consciencia despierta es una mente sin deseos para sí misma. Semejantes almas viven por el bien de los demás. Las olas de la mente subconsciente y de la mente consciente han cesado. Esa mente es calma y clara. Como resultado, la luz y la consciencia del Ser interior brillan fuertemente desde el interior. Un alma así es capaz de entrar en comunión con una consciencia superior, más allá. El Ser individual está en unión con el Ser cósmico, con la Fuente.

UNA EXPERIENCIA CÓSMICA

De vez en cuando recibo algún cliente que, durante

Tercera Parte: Despertando al Significado de Nuestro Más Elevado Propósito

una sesión de regresión a la vida entre vidas, entra en contacto directo con la Fuente. Esta fuente está más allá de incluso la dimensión de la vida entre vidas. Ha habido varios encuentros durante los cuales algún cliente queda completamente absorto en la energía extática y divina. Estas experiencias son muy intensas y transformadoras, son raras y preciadas. He tenido clientes que se enroscaban en la silla en un estado de dicha tal que lloraban a toda voz. No quiero crear una falsa imagen haciéndoles creer que todos los clientes van a tener experiencias tan increíbles, porque en realidad son verdaderamente raras. Quiero, sin embargo, compartir con ustedes uno de esos casos, por el simple motivo de que esto puede ocurrir y es posible para algunos de nosotros alcanzar tan tremendas alturas espirituales durante una sesión.

El siguiente caso es de una mujer de California del sur, llamada Cheryl, de 34 años de edad. Al momento de esta sesión yo todavía acostumbraba separar la sesión de regresión a vidas pasadas de la sesión de regresión a vida entre vidas y tomé dos días para este proceso. Hoy en día realizo la sesión de regresión a vidas pasadas y la regresión a la vida entre vidas en el mismo día, por la sencilla razón de que toma mucho tiempo y la mayoría de los clientes no pueden tomarse dos días fuera de su casa. Además descubrí que haciendo las regresiones de vidas pasadas y de vida entre vidas en la misma sesión permitía un flujo más continuo. Sin embargo, durante la sesión de Cheryl, dediqué más tiempo de lo normal a explorar sus vidas pasadas y pude llevarla hacia atrás a varias vidas antes de entrar en la dimensión de la vida entre vidas.

Capítulo 13: Más Allá de las Olas Mentales

El pasado de Cheryl fue muy interesante. En su última vida ella fue un soldado centinela del ejército americano, un joven de veinticuatro años de edad llamado el sargento Tom, quien fue baleado en la espalda estando detrás de las líneas enemigas en Europa durante la Segunda Guerra Mundial. Más tarde Cheryl me dijo que incluso hasta hoy ella todavía conserva la cicatriz en su espalda de ese balazo que le causó la muerte. Durante otra vida había sido un sacerdote en un templo de India que pasó su vida entera realizando adoración ritualista. En otra vida fue una mujer asceta deambulando por los Himalayas, quien terminó ahogada en una inundación.

Cuando la ayudé a cruzar hasta el mundo de la vida entre vidas, la primera parada fue una orientación. La orientación es donde el alma mira hacia atrás a sus vidas pasadas y reflexiona sobre lo que aprendió. En el caso de Cheryl no hubo guía y su Ser superior habló lucidamente sobre sus vidas pasadas.

P: ¿Qué es lo que más recuerdas de tus últimos momentos como el sargento Tom?

Cheryl: Recuerdo que mientras estaba muriendo pensaba sobre mi pequeña hermana y cuánto la amaba. Estaba preocupado sobre cómo iba a poder continuar sin mí.

P: ¿Qué pasó después?

Cheryl: Recuerdo ver a mi cuerpo sobre el piso, boca abajo. Mi compañero estaba tratando de llegar hasta donde yo estaba, pero estábamos bajo un tiroteo muy intenso. "¿Estás bien?", me gritaba. Pero yo ya estaba

Tercera Parte: Despertando al Significado de Nuestro Más Elevado Propósito

fuera del cuerpo. Recuerdo sentir como si estuviese flotando hacia arriba lentamente hacia el cielo.

No sentía miedo. Por el contrario, me sentía muy en calma. Fue como un alivio.

P: ¿Qué más notaste?

Cheryl: Fue intenso. Fue como si todas las emociones ocurriesen al mismo tiempo, y sin embargo me sentía completamente desapegado de ellas. Como si la energía de esta experiencia traumática estuviese resonando a mi alrededor, pero yo ya estaba yendo.

P: Continúa.

Cheryl: Sentí un tremendo impulso en mi corazón de ir hacia la luz. Como si mi mente y corazón se hubiesen fusionado en una sóla entidad. Completamente libre.

P: ¿Cómo te ves reflejada en el sargento Tom?

Cheryl: Siento un tremendo amor por Tom. Era una persona verdaderamente amable, inegoísta y bondadoso. Me siento orgullosa de haber vivido esa vida como él, incluso pese a que fue corta. Me hizo comprender que no importa qué tipo de vida uno viva, cada vida está llena de momentos maravillosos.

P: ¿Puedes dar un ejemplo?

Cheryl: Cuando nos damos cuenta de que no somos meramente un cuerpo, de que experimentamos muchas vidas diferentes y cada una de ellas tiene lecciones y experiencias de amor, dolor, pérdida y todo tipo de emociones, hay una libertad que viene de la realización de que somos el espíritu que viaja de forma aparentemente

Capítulo 13: Más Allá de las Olas Mentales

atemporal por estas diferentes vidas. Cada vida es un don y cada experiencia es una oportunidad para sentir algo.

P: ¿Qué aprendiste siendo el sargento Tom?

Cheryl: Aprendí el valor de la hermandad y a no tener miedo a morir. Aprendí que la vida misma, el estar vivo, sin importar las circunstancias, es algo maravilloso. Incluso el momento antes de mi muerte, cuando exhalé el último aliento, fue increíble.

Ahora sé que todas las cualidades que hacían especial al sargento Tom todavía están conmigo. Eso trae una sensación de confort, es casi como si no estuviese sola.

P: ¿Y eso cómo se relaciona con tu vida anterior cuando eras sacerdote de un templo Hindú?

Cheryl: No hay relación. Fue un tipo de vida diferente, con un tipo de propósito diferente.

P: Por favor, ayúdame a comprender.

Cheryl: En mi vida como sacerdote dediqué mi ser entero a Dios. Fui lo suficientemente afortunado de sentarme a meditar y tener acceso a un increíble conocimiento espiritual y sabiduría.

P: ¿Cómo fue esa experiencia?

Cheryl: Yo era el sacerdote principal en una pequeña villa de India. Mi deber principal era cuidar de las deidades del templo. La gente venía a recibir bendiciones y para que yo les realizara especificas adoraciones ritualistas. Me sentí extremadamente bendito en esa vida.

P: ¿Cuál fue la realización más esencial en esa vida y cómo se manifiesta eso en la vida de Cheryl?

Cheryl: Elegí esta vida para construir mi energía espiritual y dar descanso a mi alma. Puedo ver cómo esta vida influenció a Cheryl porque ella tiene esa habilidad única de permanecer calma y centrada en su propia energía. También tiene un profundo amor por Dios.

No obstante, Cheryl siente la necesidad de contactarse más profundamente que el sacerdote del templo en sus relaciones con la gente. Él se mantenía demasiado apartado.

P: ¿De qué modo?

Cheryl: Vivió sólo la mayor parte de su vida y no se integraba a las actividades de la comunidad ni de la familia. Su vida no era completa. Se sentía muy unilateral. Profundamente, en su interior, sentía un anhelo por conectarse más íntimamente con la gente. Sólo estaba viviendo una vida espiritual, pero no una vida humana. Cheryl está tratando de balancear ambas vidas.

P: ¿Cómo te sientes en este momento?

Cheryl: Me siento muy liviana y tranquila.

P: El mundo espiritual está abierto de par en par para ti. ¿Hay algún lugar que te gustaría visitar?

Cheryl: No, ya estoy aquí.

P: ¿Dónde es aquí?

Cheryl: Mi hogar está exactamente aquí, donde me encuentro ahora.

P: ¿Puedes compartir cómo se siente estar en el hogar?

Cheryl: *(extática)* Me siento como si fuese un agujero negro. Una cantidad enorme de energía. Es una energía

Capítulo 13: Más Allá de las Olas Mentales

divina femenina. Todas mis experiencias son de Ella. Es como si la consciencia de este agujero negro estuviese soñando esta realidad. Tengo la sensación de ser el punto central y, aun así, todo a mi alrededor también.

P: ¿Una sensación de infinitud?

Cheryl: Me veo a mi misma como espacio infinito. Como si mi consciencia fuese el creador mismo. Y mi voz es la voz de Dios.

Es incontenible *(más extática todavía)*. Mi cuerpo humano y mi cerebro no pueden si quiera comenzar a concebir mi verdadera naturaleza.

P: ¿Cómo defines esa verdadera naturaleza?

Cheryl: Todo lo que puedo decir es que es un sentimiento de amor inmenso y que no hay otro sentimiento excepto amor. Amor es simplemente una palabra que usamos para tratar de describir la experiencia temporal de sentirnos conectados a nuestra verdadera naturaleza.

Pero imagina si esa experiencia temporal de amor se estuviese expandiendo continua e infinitamente en todas direcciones, con un poder que no ser humano podría siquiera comprender.

P: ¿Qué ocurre entonces?

Cheryl: Siento como si estuviese consumiéndome. Me siento enteramente como Ella.

Cheryl está llorando de alegría. Está hecha un ovillo sobre su silla, llorando profundamente. Se queda en ese estado durante varios minutos. No puede hablar. Está claramente expresando signos de éxtasis divino. Yo miro esto sorprendido y siento la energía de la habitación expandiéndose. Estoy en presencia de una energía divina y es arrollador, como si un portal a otra dimensión se hubiese abierto. Me resulta difícil no dejarme arrastrar por ella. Cuando luego de pasados unos minutos ella todavía no emerge de esa experiencia, lentamente intento retornarla una vez más. Me llevó un tiempo reconectar con ella. Fue como intentar hacer despertar a alguien de la anestesia. Estaba en un estado de consciencia completamente diferente. Sus ojos se habían rodado hacia arriba en sus órbitas y estaban blancos.

P: ¿Cómo te sientes ahora?

Cheryl: Es imposible expresarlo en palabras.

P: Si pudieras, ¿cómo lo expresarías?

Cheryl: Es como disolverse en un océano de dicha.

Noté que ella tenía serias dificultades para hablar y que tampoco sentía ganas de decir mucho más. La experiencia todavía perduraba y le permití descender despacio. Luego de un tiempo terminamos la sesión. Jamás olvidaré la increíble experiencia de esta alma. Fue una comprensión importante para mí como terapeuta de vida entre vidas poder ver qué es posible cuando uno trabaja con un alma altamente avanzada. Fui lo suficientemente afortunado de poder ver un destello del infinito a través de su sorprendente experiencia.

Cuando leemos narraciones de sesiones de regresiones a vida entre vidas, normalmente consideramos al mundo de la vida ente vidas como una extensión de nuestra

Capítulo 13: Más Allá de las Olas Mentales

vida en este planeta, como si fuese un mundo similar a la tierra. En mi experiencia, esta es sólo una forma de ver al más allá. A lo largo de este libro estoy compartiendo la idea de que hay muchos niveles diferentes de consciencia a las cuales el alma puede ascender cuando deja el mundo físico.

El caso de Cheryl es un ejemplo hermoso de semejante ascensión de consciencia. Si bien al comienzo ella entra a la dimensión de la vida entre vidas del modo que tradicionalmente conocemos, luego asciende a una frecuencia mucho más elevada.

Algunos físicos cuánticos han aceptado a la consciencia como el substrato de nuestro universo. Explican que cuando consideramos nuestro mundo no como material, sino como energético, no obstante, debe reposar en algo. Hasta la energía debe estar en alguna parte. Ellos especulan que ese algo, ese lugar, es la consciencia. Esta escuela de física cuántica mística tiene mucho en común con las experiencias de mis clientes en la vida entre vidas. Cuanto más alto asciende el alma, más se identifica con la Fuente de energía subyacente del universo. Y según las experiencias de los clientes en este estado, esta Fuente parece ser de naturaleza divina. Un océano infinito de consciencia celestial y dichosa.

Teoréticamente, todos podemos ascender a esta consciencia, dado que esa es nuestra verdadera naturaleza. Nada más existe realmente. Vemos y experimentamos diversidad porque todavía estamos identificados con nuestra consciencia individual. Las memorias de nuestras experiencias acumuladas durante muchas vidas están enrolladas alrededor del alma como una vaina de energía. Miramos a la vida, incluso al más allá, a través de este velo y vemos una representación, es como mirar a través de un filtro.

Cuando todavía continuamos atados a la tierra, justo después de la muerte en el mundo físico, esta fuerte identificación con el cuerpo y con la vida que acabamos de vivir nos hace experimentar un estado post mortem similar a la vida terrestre. Pero luego, gradualmente, a medida que nos liberamos de la asociación con el cuerpo y nuestra vida aquí en la tierra, el alma puede comenzar a ascender a niveles más elevados de consciencia.

No tenemos que morir para experimentar esto. Nuestro sistema de creencias es responsable por nuestro rango de percepción.

Lo que intento decir con esto es que, cuando aceptamos que existe otra dimensión podemos, inicialmente en nuestra imaginación, viajar allí. Cuanto más imaginemos y cuanto más viva hagamos a esta imaginación, más fácilmente podrá nuestra consciencia llegar allí. Esta creencia, esta aceptación, nos libera en cierta forma de las ligaduras con la tierra. Nos abrimos cada vez más.

Cuanto más sensibles nos volvemos, más podremos recoger. Las almas altamente intuitivas recogen mucho más información que la gente común. Así que si deseamos expandirnos, alcanzar nuestra consciencia más elevada, necesitamos aprender como desapegarnos de nuestra densidad terrenal.

El concepto general es como sigue: cuanto más creemos que esta tierra es todo lo que existe, más atados a la tierra

Capítulo 13: Más Allá de las Olas Mentales

estaremos. No estaremos abiertos a conectarnos con algo que podría existir más allá del rango de nuestros sentidos. Y obviamente no podríamos, ya que en nuestra mente eso no existe. No lo veo ni lo siento, por lo tanto no existe. La ciencia sostuvo esta creencia por largo tiempo, por la simple razón de que no era todavía capaz de observar un mundo más allá de la materia.

Esta misma ciencia hoy nos ayuda a comprender que lo que percibimos con nuestros sentidos no es para nada certero. Con la emergencia de la física cuántica, ahora sabemos que la materia no existe tal como la conocemos y que nuestra mente, y el mundo que percibimos con ella, es meramente un intérprete de la realidad.

Nuestra mente se interpone entre la realidad propiamente dicha y lo que nosotros experimentamos como realidad. Crea una imagen distorsionada basada en los sentidos limitados. La clave es trabajar con la mente. A medida que nuestra mente se torna más clara, más pura y más calma, nuestra percepción de la realidad mejora.

Los yoguis, por lo tanto, se enfocaron tradicionalmente en la mente por encima de todo. Aclarar la mente para obtener una mayor y más certera percepción de la realidad. Por eso es que resulta tan difícil convencer a cierta gente de nuestros puntos de vista políticos. En nuestra mente resulta incomprensible que cierta gente pueda ser tan estúpida. ¿Cómo es posible que votes por ese tipo y creas semejantes cosas? ¿No puedes ver que te están engañando? No, no pueden verlo. Esa es la realidad en sus mentes. Ese es el mundo que perciben. No hay simplemente un mundo. Cada uno tiene un mundo completamente diferente. Vivimos en lo que parece ser planetas distintos. Consideren eso. Nuestro mundo también es enteramente falso. Técnicamente no existe el mundo material. Todo lo que existe es energía que se mueve en la consciencia.

Comprendo que esto da la impresión de que uno está yendo demasiado lejos. Y sin embargo es la verdad. La pregunta es: ¿cómo puede esto ayudarme en el punto donde me encuentro ahora? Lo primero que hay que considerar es que podemos modelar nuestra realidad con nuestra propia mente. Podemos mejorar nuestra consciencia individual y consecuentemente nuestro propio mundo. Si suficiente número de personas piensan de ese modo podríamos modificar nuestra propia realidad colectiva.

A medida que mi mente cambia, así cambia mi mundo. Si quiero experimentar una consciencia superior aquí y ahora, primero necesito sintonizar con ella en mi mente. Piensen en el famoso médium Tyler Henry. ¿A qué se parece su realidad? Él vive en dos realidades al mismo tiempo. Está aquí con nosotros y está en comunión con la mente de las almas que pasaron a la dimensión de la vida entre vidas. Para él, el mundo que nosotros vemos es sólo un aspecto de la realidad. Sabe por experiencia personal que hay mucho más de lo que muestran las apariencias.

Yo viví personalmente con almas visionarias de ese tipo. Y todavía conozco almas que tienen ese tipo de elevación. Su consciencia vive parcialmente aquí con nosotros en esta tierra y parcialmente más allá. Pueden extenderse hasta esa realidad, entrar en comunión con ella, viajar allí y obtener inspiración, fuerza y energía de ella. Todos

Capítulo 13: Más Allá de las Olas Mentales

ellos tienen una característica en común, que viven con una ilimitada sensación de libertad y alegría.

Somos mucho más libres de lo que nos damos cuenta. Cuando aprendemos a calmar las olas de nuestra mente, cuando las proyecciones temporales de nuestras memorias pasadas se detienen, podemos comenzar a experimentar una realidad que es vasta y brillante. Este es nuestro derecho natural; es nuestro destino. Cuando la luz de la conciencia superior brilla en nuestros corazones y mentes podemos experimentar una tremenda cantidad de felicidad y paz. Esto puede experimentarse aquí y ahora.

Tercera Parte: Despertando al Significado de Nuestro Más Elevado Propósito

Capítulo 14
Comprendiendo la Naturaleza de la Dualidad

Ocasionalmente, encuentro algún cliente que es altamente filosófico por naturaleza. Siempre es interesante para mí, cada vez que veo un cliente entrando a mi oficina, descubrir con qué clase de personalidad y temperamento tengo que trabajar. Una pregunta común que mucha gente tiene es: "¿Qué pasa si no puedo ser hipnotizado?" A lo cual respondo: "No se preocupe, porque el estado interior que estamos tratando de alcanzar es natural para usted. Todas las noches, cuando se queda dormido, usted pasa por el estado Zeta, el mismo estado que usamos para una regresión a la vida entre vidas. Cuando se duerme, usted desciende desde su estado de vigilia Beta, luego atraviesa por los estados Alfa y Zeta hasta terminar en el sueño Delta. No es que mágicamente

Capítulo 14: Comprendiendo la Naturaleza de la Dualidad

necesitamos crear una onda mental que es totalmente desconocida para usted. Si ese fuera el caso cada sesión de vida entre vidas sería una lotería absoluta, porque no sabríamos si usted podría entrar a un plano desconocido y misterioso hasta ese entonces. Afortunadamente, gracias a las técnicas que usamos somos capaces de mantener a una persona por períodos de tiempo prolongados en el estado Zeta, un estado por el cual uno normalmente atraviesa rápidamente en el proceso de quedarse dormido".

Cada cliente, cuando se encuentra en el estado Zeta, se comunica conmigo de manera diferente. Algunos expresan las cosas más visualmente, otros de modo más sinestésico y otros de forma más mental. La persona visual verá representaciones más literales y gráficas de un mundo supernatural, mientras que una persona mental tiende a experimentar este estado de una manera más abstracta. Un temperamento sinestésico sentirá más las cosas. La experiencia de cada cliente es tan intensa como la de los demás, sólo que en formas diferentes. Jamás intento calificar o preferir una sobre otra, ya que cada experiencia es única e interesante a su manera.

Joey era una de esas personas mentales. Tranquilo y delicado, parecía un tipo de hombre sensitivo y filosófico. Era muy bien versado en diferentes escuelas de filosofía Oriental, estaba practicando meditación, lo cual se mostró en su sesión de vida entre vidas. Mi observación sobre él pronto resultó ser correcta. Su sesión siempre será recordada como una de las inolvidables. Resultó que no era muy apto para lo visual, pero era muy sugestionable, por lo cual entró al estado hipnótico rápida y profundamente.

Como acotación, la facilidad al momento del ingreso no

necesariamente quiere decir que tendremos una mejor sesión, sólo indica que el estado de Zeta fue alcanzado rápidamente. Hay gente que simplemente necesita más tiempo y es por eso que al comienzo de cada sesión siempre me tomo mucho tiempo haciendo que el cliente se sienta seguro y a salvo para que cada individuo pueda entrar al estado Zeta a su propio ritmo. Una vez que la gente se siente segura y cómoda, eventualmente comienzan a confiar en la situación lo suficiente como para soltarse y relajarse, y terminan teniendo una sesión maravillosa. La creación de semejante atmósfera no es meramente una técnica terapéutica, es algo que el terapeuta también necesita cultivar y compartir como una extensión de su estado de ser interior. Esto no puede ser enseñado, es una habilidad que viene con la experiencia y el crecimiento interior.

La regresión a vidas pasadas de Joey ocurrió sin incidentes destacables y no necesito dedicar mucho tiempo a eso en este capítulo. Él describió su vida como un cazador en algún lugar en las montañas de las Américas. Contemplando a las vastas cadenas montañosas cubiertas de nieve, con su fiel perro a su lado. Una existencia tranquila, reflexionando sobre el significado de la vida, feliz y contento de estar sólo y de tener lo que él llamaba verdadera libertad.

Cuando nos movimos al reino de la vida entre vidas, él penetró en un estado único donde no estaba verdaderamente viendo o experimentando una sensación del mundo del más allá, sino más bien un sentido de conexión con un estado superconsciente libre de todo tipo de formas o siluetas. La conversación que surgió después me es muy querida ya que tiene mucho en común con la filosofía Oriental y Védica, un tema que yo estudié profundamente por muchos años. Así que, afortunadamente, fui capaz

Capítulo 14: Comprendiendo la Naturaleza de la Dualidad

de mantenerme a su altura en este caso tan único. La transcripción de su grabación de audio es la siguiente:

P: ¿Qué es lo que notas?

J: No noto nada en particular. Es un estado de ser.

P: ¿Puedes explicármelo?

J: Simplemente SOY.

P: ¿Hay algún guía cerca, o puedes detectar algún tipo de presencia?

J: No, no hay guías.

P: ¿Estás sólo entonces en este estado?

J: Sólo no es la forma correcta de describirlo. Soy parte de un todo.

P: Cuéntame más.

J: Estoy consciente de que soy, y aun así soy parte de algo más grande. Un espacio infinito que no tiene límites.

P: ¿Puedes ver eso?

J: En cierta forma sí. Hay luz en todas partes y yo soy luz. Es un conocimiento, una conectividad.

P: ¿Entonces no hay formas ni siluetas aquí?

J: No. Sólo luz.

P: ¿Cómo se siente la luz?

J: Una sensación de infinito. Y de libertad.

P: ¿Libertad de qué?

J: Limitaciones.

P: ¿Qué tipo de limitaciones?

J: El tipo que experimentamos en la tierra.

Tercera Parte: Despertando al Significado de Nuestro Más Elevado Propósito

P: ¿Joey experimenta esta clase de limitaciones?

J: Sí, por supuesto.

P: ¿Cómo por supuesto? ¿Todo el mundo siente así?

J: Es la naturaleza del mundo.

P: ¿A qué te refieres?

J: La dualidad es la naturaleza de nuestro mundo.

P: ¿Qué significa eso exactamente, dualidad?

J: El par de opuestos, luz y oscuridad, bien y mal, calor y frío. Coexisten. Siempre.

P: ¿Siempre dices?

J: En la tierra, en un estado mental consciente normal sí, siempre.

P: Es interesante que dices 'estado mental consciente normal'. ¿Estás implicando que es posible no estar sujeto a la dualidad cuando uno no está en un estado mental 'común'?

J: Sí, así como estoy yo ahora. Mi cuerpo está aquí en la tierra pero mi percepción está en cierta forma más allá de los pares de opuestos.

P: ¿Puedes explicar qué es lo que estos pares de opuestos significan realmente en términos prácticos? Lo qué quiero decir es, por ejemplo, nosotros decimos que Dios es bueno. Bueno es lo opuesto de malo. Por lo tanto, ¿Dios estaría sujeto a los pares de opuestos?

J: Decir que Dios es bueno es limitar la verdadera naturaleza de Dios. Dios está más allá de bien y mal. Más allá de los pares de opuestos, más allá de la naturaleza de la dualidad.

Capítulo 14: Comprendiendo la Naturaleza de la Dualidad

P: ¿Entonces quieres decir que cuando decimos que la naturaleza de Dios es el bien, eso es incorrecto?

J: Si ves a Dios como a un hombre sentado en alguna esfera celestial mirando hacia abajo hacia nosotros, entonces sí, esa es una percepción muy limitada de la realidad. En mi experiencia, Dios es una realidad infinita, una expansión de consciencia.

P: Pero hay gente que ha visto a Jesús y a Buda. ¿No es eso entonces Dios en forma humana?

J: Ambas cosas son verdaderas.

P: Corrígeme si estoy equivocado pero, ¿no suena a contradicción eso? Primero dijiste que Dios está más allá de bien y mal, y aun así, acabas de decir que puede aparecer como teniendo una forma humana en la tierra.

J: Depende del estado mental del observador. Si estamos en un estado mental normal veremos a Dios como un ser humano. Pero si ascendemos más allá de la dualidad, Dios pierde la forma y es experimentado como infinito más allá de nombre y forma.

P: ¿Lo que estás diciendo entonces es que cuando experimentamos a Dios como un ser humano entonces superponemos cualidades humanas como bien y mal en esa forma?

J: Tal como estás haciendo ahora, llamando hombre a Dios.

P: *(riendo)* Sí, tienes razón. Leí en algún lugar una analogía sobre el agua y el hielo. Ambos son agua, pero una está congelada y se tornó sólida. Similarmente, la verdadera naturaleza del hielo es agua, pese a que podemos experimentarlo como teniendo una forma definida.

J: Sí.

Tercera Parte: Despertando al Significado de Nuestro Más Elevado Propósito

P: Como la ola y el océano. Una ola tiene forma pero la pierde una vez que se fusiona una vez más con el océano. ¿Algo así?

J: Sí.

P: ¿Es un error decir que Dios es el bien?

J: No, para nada. Pero nos hace preguntarnos por qué existe el mal. En vez de eso, podemos mirar a la creación como a una entidad viva, una entidad donde el bien y el mal son meramente dos lados de la misma moneda.

P: ¿Quieres decir que bien y mal y todos los pares de opuestos van siempre juntos?

J: Sí, son partes de la misma creación. No puedes tener bien sin mal, así como no puedes tener luz sin oscuridad. No hay liberación del mal mientras estamos sujetos a las fuerzas de la naturaleza. El mal, al igual que el bien, son cualidades de la naturaleza.

P: ¿De ahí la necesidad de trascender?

J: Sí, la liberación del dolor es la trascendencia de ambos, del bien y del mal.

P: ¿Cómo se hace eso? Lo que intento decir es, sí, yo quiero estar libre del dolor y la preocupación, pero no quiero precisamente abandonar este mundo.

J: No me refiero a irse físicamente del mundo.

P: ¿Quieres decir mentalmente?

J: Es posible cultivar un estado de consciencia que sea tan elevado que uno ya no esté sujeto a las subidas y bajadas de este mundo. Nuestro cuerpo siempre estará sujeto a ello, pues es parte de este mundo, e incluso nuestra mente hasta cierto punto. Pero hay un estado de ser que

Capítulo 14: Comprendiendo la Naturaleza de la Dualidad

transciende cuerpo y mente.

P: Desde un punto de vista filosófico lo comprendo, pero, ¿no es esto demasiado para la mayoría de la gente?

J: Incluso comprenderlo intelectualmente puede ser de gran ayuda.

P: ¿Cómo?

J: Cuando comprendemos que la paz se encuentra más allá de la dualidad de este mundo, entonces dejamos de buscarla ahí. Uno puede saber que la búsqueda de los placeres mundanos no va a darnos la felicidad eterna porque esos placeres son parte del mundo finito de dualidades. La paz eterna del infinito no puede existir en un mundo finito de dualidades. Cada acción tiene una reacción, igual y opuesta. Por lo tanto el placer siempre va a causar una reacción.

P: Como por ejemplo tener que trabajar día y noche para obtener esos placeres.

J: Sí. Los deseos nos alejan de la paz.

P: Eso trae la pregunta, ¿cómo los trascendemos?

J: Por medio de la meditación, la oración, estando más consciente y cultivando el discernimiento.

P: El gran sabio de la no-dualidad Ramana Maharshi, dijo esto también: "Descubre quién eres realmente. Pregúntate a ti mismo: ¿Quién soy"? Jesús dijo: "El Reino de los Cielos está en vuestro interior", qué para mí significa que Dios no está en el mundo sino en un estado de consciencia superior.

J: El alma no es afectada por la dualidad. Sólo el cuerpo y la mente son afectados.

Tercera Parte: Despertando al Significado de Nuestro Más Elevado Propósito

P: ¿Entonces necesitamos trascender la consciencia del cuerpo y de la mente y conectarnos con nuestra Alma Ser?

J: Sí.

P: ¿A Joey cómo le va al respecto?

J: Él entiende el concepto y tuvo algunos destellos de este estado durante la meditación. Pero todavía anhela algunas de las distracciones del mundo.

P: ¿Qué le sugieres que haga?

J: La mayoría de sus indulgencias son el resultado de malos hábitos y haraganería. Él ya sabe que eso no lo está ayudando. Necesita ser más fuerte.

P: ¿Puedes ser más específico, para su beneficio?

J: Es una elección que necesita hacer. Nada es bueno o malo de por sí. Sus elecciones producen cierto resultado. Si continúa teniendo malos hábitos su mente sufrirá los resultados de esas malas elecciones. Pero, si por el contrario, elige meditar más regularmente y mantener su mente limpia, le será mucho más fácil elevar su mente.

P: Acción - reacción.

J: Sí, todos tenemos una elección. Nadie nos fuerza a hacer cosa alguna. Sólo nuestra mente lo hace. Por eso es que nos conviene cultivar buenos hábitos.

P: ¿Estás queriendo decir que los malos hábitos nos hacen hacer cosas que en realidad no queremos hacer?

J: La mente puede trabajar a nuestro favor o en contra nuestro. Por eso hay que cultivar buenos hábitos.

P: Me gustaría volver a cómo es que esto va a resultar práctico para Joey y sus problemas diarios.

Capítulo 14: Comprendiendo la Naturaleza de la Dualidad

J: Estás confundiendo cómodo con práctico. Puede que no sea cómodo para él cambiar sus hábitos, pero es muy práctico.

P: ¿De qué modo?

J: Cada vez que intentamos cambiar un hábito resulta incómodo. Pero es muy práctico cambiar nuestros hábitos para que los karmas de esos hábitos no sigan molestándonos.

P: ¿Gozo a corto plazo versus beneficios a largo plazo?

J: Ha tenido dificultades en mantener su mente elevada debido a que tiene que emplear mucha energía en enfrentar el resultado de sus malas decisiones. Ese es un patrón kármico. Una vez que se torne más consciente y modifique este círculo vicioso su mente será libre.

P: ¿Quieres decir que el resultado de sus malas acciones no lo va a molestar tanto y tendrá más energía para dedicarle a la meditación? ¿Y eso va a resultar en un estado mental más feliz?

J: Sí, necesita cultivar el hábito de meditar. El resultado práctico será la paz y el equilibrio.

P: Todavía tengo dificultad para ver el lado práctico, el beneficio diario en todo para Joey. ¿Cómo esforzarse para una consciencia trascendental por encima de las dualidades de este mundo? ¿No le saca eso la alegría a la vida?

J: No hay que esforzarse por una consciencia trascendental.

P: ¿No?

J: Eso sucede cuando uno comienza a comprender. Cuando Joey se vuelva más consciente, comenzará a realizar mejores elecciones. Eso eventualmente lo ayudará a trascender.

P: ¿Y qué hay de disfrutar de la vida?

J: No disfrutamos realmente de la vida hasta que alcanzamos una conciencia más elevada.

P: Por favor, ayúdame a comprender porque tengo la sensación de que muchos no van a estar de acuerdo.

J: Una mente arrastrada hacia abajo por los sentidos, en realidad no está disfrutando de la vida en su mayor potencial. Una mente pura e iluminada disfruta de la vida mucho más.

P: ¿Cómo mirar a la vida a través de lentes sucios versus mirarla a través de lentes limpios?

J: Sí. Nadie dice que no se debe disfrutar de la vida. Debemos hacerlo, pero debemos saber cómo. Disfrutar de la vida de una forma elevada significa hacerlo de un modo que nos enaltezca, en lugar de rebajarnos.

P: Resumiendo lo dicho, cuando aprendemos cómo disfrutar apropiadamente nos sentimos mejor y mejoramos nuestro futuro. Porque estando consciente de las consecuencias de nuestras acciones no creamos nuevas ligaduras kármicas que tendremos que enfrentar en el futuro. En lugar de eso trabajamos para la liberación interior. Y esta libertad interior lentamente nos ayudará a finalmente trascender la dualidad de este mundo.

J: Sí.

Este caso me gusta mucho por varias razones:

1: Este es un cliente que está bien informado sobre varios detalles filosóficos antes de entrar a la sesión. Eso le

Capítulo 14: Comprendiendo la Naturaleza de la Dualidad

permite articular claramente ciertos problemas difíciles. El resultado es una conversación sobre la naturaleza de nuestro mundo que es preciosa.

2: Es capaz de hacer comprensible un concepto filosófico abstracto, a saber, la dualidad de este mundo.

3: Es capaz de hacer práctico este concepto para su ser normal, Joey.

4: Aconseja el logro de la Consciencia Superior mientras nos ayuda a comprender que no tiene porqué ocurrir a costa de gozar de la vida aquí en la tierra. Este punto me parece muy importante pues nos permite integrar verdaderamente el vivir una vida espiritual con una vida mundana.

Este último punto es un asunto que he viso que causa mucha confusión para muchos buscadores. Miremos la historia del cristianismo, por ejemplo, donde ¿no es acaso cierto que disfrutar de la vida siempre fue igualado a ser un pecador o pecadora? No estoy hablando de algunos de los predicadores americanos modernos que pregonan un evangelio de riqueza (mayormente para ellos).

Lo que intento decir es que hemos sido cargados con el sentimiento de culpa cuando pensamos en disfrutar de la vida. Como resultado, mucha gente simplemente rehusó la religión para zambullirse en una vida sin ninguna idea para el futuro. Yo también solía ver esta tendencia en India, donde fui parte de una tradición religiosa. Constantemente se nos alentaba a 'renunciar' al mundo. El problema con esta línea de pensamiento es que si no somos cuidadosos terminaremos tirando por la borda la alegría de vivir junto con la renunciación de sus ligaduras.

Tercera Parte: Despertando al Significado de Nuestro Más Elevado Propósito

El caso de Joey nos da una idea de cómo podemos vivir una vida feliz en el mundo mientras trabajamos en pos de un elevado estado superconsciente de libertad interior. Siempre tuve la convicción, y he estado compartiéndola con mis clientes, de que es importante tener una filosofía de vida. Algo a lo que podamos aferrarnos en períodos difíciles, pero mucho más aun, un verdadero norte que nos mantenga en curso. Un principio guía con el cual podamos medir todas nuestras decisiones. Una vez que conocemos las coordenadas de nuestro destino, todo lo que tenemos que hacer es entrarlas en el GPS y nos llevará hasta allí. Sin esas coordenadas, ¿en qué basamos las decisiones de nuestra vida? No tendremos un marco de referencia. Así que no se trata de que cuando queremos vivir una vida espiritual no podemos disfrutar las alegrías de la vida, sino más bien de que las decisiones que tomamos necesitan estar en línea con nuestro destino final. Si el placer es parte de ese viaje, entonces podemos disfrutar a pleno. Pero si el placer nos aleja de esa meta, entonces será perjudicial para nosotros a largo plazo.

Para mí, renunciar ahora, luego de todos estos años, significa dejar ir, voluntaria y conscientemente, a aquellas distracciones que puedan al principio parecer tentadoras pero que culminan haciéndome sentir mal más tarde. Es como comer una comida pesada y grasosa. Cada vez que sucumbo a este tipo de deseo termino lamentándolo una hora después, sintiéndome hinchado y relleno. En lugar de eso, estoy aprendiendo que hay alegría en estar consciente de lo que como pues me mantiene alerta y liviano, algo que valoro grandemente. Y esto es importante para mí a largo plazo, ya que necesito sentirme liviano y despierto si deseo mantener mi mente en el camino correcto conducente

Capítulo 14: Comprendiendo la Naturaleza de la Dualidad

a la meta principal de mi vida. Y así es con todo lo que hago. No quiero deslizarme al interior de ninguna niebla inconsciente donde pueda olvidar porqué estoy aquí en primer lugar. He descubierto en eso una gran alegría interior cuando vivo de esa manera. Pocas cosas son malas de por sí. Las cosas como el dinero, el amor, y la intimidad, son todas muy buenas si sabemos cómo usarlas. Pueden ser herramientas que nos ayuden a levantar nuestra vida y la de otros. Y estas mismas cosas pueden volverse cargas y derribarnos si no sabemos cómo manejarlas apropiadamente. ¿Qué alegría tiene la vida si no podemos vivirla con nuestro corazón abierto de par en par? No obstante, para proteger a este corazón abierto, necesitamos una gran cantidad de amor, fuerza y discernimiento. Si malentendemos o tenemos una perspectiva estrecha y temerosa de la vida espiritual, existe la posibilidad de que quitemos de la vida su alegría. Un artista de la vida verdadero y libre es aquel que es capaz de mantener su mente pura y elevada mientras disfruta de la vida en su plenitud. Estas dos no se excluyen mutuamente.

Una vez que las olas de la mente están bajo control, la alegría emerge desde el interior. A esa altura uno no tiene mucho más para hacer. La alegría simplemente está presente. Tal vez fue por eso que Joey, en su estado de consciencia superior, dijo que uno no se esfuerza por un estado de consciencia trascendental, sino que este emerge de por sí cuando uno vive conscientemente. Todo lo que hay que hacer es colocar la brújula en este estado trascendental y luego despreocuparse, manteniéndola en la conciencia apenas lo suficiente para que nos ayude a tomar las decisiones correctas sobre las cosas que nos interesan más en la vida. Ese es el significado de vivir conscientemente.

En un rincón de la mente estar consciente de la meta última para que nos permita realizar las decisiones correctas en el momento presente. De esa manera jamás estaremos en la oscuridad o confundidos.

Una razón importante por la cual la gente se deprime es que jamás tuvieron una meta superior, o se han desconectado de ella. Se sienten perdidos y asustados, o simplemente abandonan el esfuerzo. Se han identificado a sí mismos con una o con muchas de las máscaras falsas que llevan puestas y no ven una realidad más allá de eso. Estas máscaras los aterran y mucho más los asusta incluso lo que otros piensen de ellos. No pueden liberarse y mirar más lejos. Sin una clara visión de vida no tenemos dirección y no podemos encontrarle sentido a cuanto sucede a nuestro alrededor o dentro nuestro. Se nos hace difícil realizar cambios porque no sabemos en qué dirección debemos realizar el cambio, ni tampoco sabemos qué tanto nos hemos extraviado. Por eso es que la gente se ajusta pasivamente al subconsciente colectivo, sometiéndose voluntariamente al adoctrinamiento corporativo y religioso.

La alegría es principalmente un estado mental que tiene lugar cuando vivimos nuestra vida según los principios divinos. Cuando estamos en sintonía con nosotros mismos y con las metas de nuestra vida, hay una alegría sutil que se torna parte de nuestras experiencias diarias. Es una alegría que trasciende los pequeños altibajos que se nos interponen. E incluso cuando de vez en cuando una ola kármica grande llega a nuestras orillas, sabemos cómo mantenernos firmes y dejar que pase.

Creo que hay muchos niveles de consciencia trascendental.

Capítulo 14: Comprendiendo la Naturaleza de la Dualidad

No necesitamos ser iluminados para experimentarlo. Tornarnos consciente de nuestras metas de vida e intentar vivir en consecuencia es de por sí una consciencia trascendental. Porque trascendemos, filosóficamente, la noción limitada de que la alegría pura y sostenida puede encontrarse en las dualidades de este mundo. Esto provee gran fuerza y previene de que nos perdamos en el mundo. Luego, a medida que progresamos, podemos ascender lentamente hasta estados mentales donde la alegría se siente perpetuamente en el interior. No hay límites respecto a qué tan fuerte puede ser el crecimiento de esta alegría interna.

Anteriormente mencioné cuando, siendo joven, viví cerca de París en compañía de un gran santo de la India. Pese a ser entusiasta y ansioso por vivir cierto tipo de vida espiritual, mi inmadurez y juventud no me permitieron sentir la paz que anhelaba encontrar. Cuando le pregunté al santo al respecto, él me miró y sonriendo, dijo: "Un día te vas a sentir fuerte y feliz siempre". En ese entonces, conociendo mi estado mental, me resultó difícil creer en eso. Pero hoy, unas décadas después, realmente siento una suave paz y un flujo interior la mayor parte del tiempo. También noto que está creciendo a medida que envejezco. Es el resultado de las decisiones y los ajustes que llevé a cabo en mi vida anteriormente. Así que siempre que estemos conscientes de nuestra meta final y hagamos los ajustes necesarios, finalmente arribaremos a un estado de calma. Tiene que ser así, pues la alegría es nuestra verdadera naturaleza. La felicidad es la luz de nuestra propia alma.

Tercera Parte: Despertando al Significado de Nuestro Más Elevado Propósito

Capítulo 15
La Sabiduría de los Despiertos

Los dos casos que siguen están entre los más extraordinarios que experimenté. Dan testimonio del increíble despertar espiritual de dos mujeres fenomenales. Ellas me hicieron más consciente de la emersión de un despertar mundial, como es descrito en libros como "El Cerebro Global Despierta" (La hipótesis de Gaia) escrito por Peter Russells. Si ustedes fuesen totalmente ignorantes del concepto del despertar espiritual, podrían sentir la inclinación de rebajar a los casos de este capítulo considerándolos exagerados o irreales. Pero aquellos familiarizados con el concepto (o ustedes mismos si conocieron almas así de grandes) comenzarán a reconocer patrones que aparecen entre la gente, en número cada vez

Capítulo 15: La Sabiduría de los Despiertos

mayor, que ha tenido estas increíbles experiencias. Si yo hubiese tenido sólo uno de esos caso entre los cientos de clientes que tuve, entonces yo también tal vez habría dudado. Pero cuando uno comienza más y más a ser testigo de esos casos surge la comprensión de que un despertar global está ocurriendo.

El primero de esos dos casos gira alrededor de una mujer de cincuenta y nueve años de edad, Doctorada en Psicología Profunda, que voló desde el oeste medio del país para verme en mi oficina en California. Una señora alta, inteligente, con ojos grandes y calmos, y un aspecto elegante.

Su regresión a la vida pasada es uno de los casos más sorprendentes que jamás encontré. Ella describió una vida donde fue una especie de gitana de espíritu libre que desde muy joven deambuló sola, en un estado de consciencia interior exaltada. Me alegra compartir con ustedes la mayoría de los detalles de este caso.

P: ¿Qué ropa tienes puesta?

Catherine: Estoy descalza. Tengo un vestido largo y blanco.

P: ¿Qué edad tienes?

Catherine: Tengo 14 años.

P: ¿Puedes describir el área donde te encuentras en este momento?

Catherine: Estoy mirando a los árboles. Son pinos grandes y altos. Estoy en un bosque. La luz se filtra entre los árboles. Parece como si pudiese empujar y hacer retroceder a los árboles con mis manos para ver más.

P: ¿Es cerca de una villa, una ciudad, o es un lugar alejado?

Catherine: Es un lugar remoto *(nuevamente les recuerdo que es común para alguien en un estado profundo responder con sentencias cortas, especialmente al comienzo de la sesión. A menudo hablan muy bajo y lentamente al principio).*

P: ¿Tú casa está cerca?

Catherine: No hay casa.

P: ¿Así que estás sola? ¿Qué estás haciendo aquí en este momento?

Catherine: Simplemente siendo. Caminando.

P: ¿Cómo te sientes en este instante?

Catherine: Confiada. Liviana.

P: Así que estás caminando totalmente sola siendo tan joven. Dime más; ¿de dónde vienes?

Catherine: Se siente como si hubiese aterrizado allí. Se siente como si salí caminando de la nada hasta llegar a este lugar. Estoy contenta.

P: ¿Cuál es cosa más significativa que puedes observar en este momento, ya sea dentro tuyo o a tu alrededor?

Catherine: Liberada, libre. Veo un estanque. El agua está brillando. Cuando hago retroceder los árboles se ve el agua.

P: ¿Qué más estás haciendo?

Catherine: Respirar, olfatear. Oler la tierra. Caminar.

P: Permite que la historia se desarrolle gradualmente.

Capítulo 15: La Sabiduría de los Despiertos

Catherine: Mis brazos están extendidos y estoy flotando. Derecha, de pie, flotando sobre el piso. Fui a dar una vuelta por el estanque, es tan hermoso. Simplemente floto cerca de la orilla. Veo la luz reflejada. Me gusta eso.

P: Movámonos hacia adelante en el tiempo, hasta otro momento significativo. ¿Qué está ocurriendo ahora?

Catherine: Estoy en un pueblo, caminando por la calle.

P: Descríbeme el pueblo.

Catherine: Las calles están hechas de piedra. Hay construcciones grandes de piedra. El sol está brillando sobre ellas y sobre la calle. Es chato. Se siente como si hubiese gente.

P: ¿Cómo luce esta gente, respecto a vestimenta y cultura?

Catherine: Vestidos largos.

P: ¿Qué era te viene a la mente?

Catherine: Parece antiguo, 1700 y algo.

P: ¿Qué país te parece que es?

Catherine: Escocia.

P: ¿Qué edad tienes ahora?

Catherine: Veintitrés.

P: Descríbete a ti misma en este momento y dime lo que estás haciendo.

Catherine: Tengo un vestido de mangas cortas. Una cinta larga alrededor de mi cintura. Soy más baja. Camino con mis brazos contra los lados, con mis palmas hacia el frente. Caminando en la luz. Feliz. Tan feliz.

P: ¿Qué te hace una persona tan feliz?

Tercera Parte: Despertando al Significado de Nuestro Más Elevado Propósito

Catherine: ¡Me siento libre!

P: ¿De qué forma te sientes libre? ¿Se trata de una experiencia interior o hay algo en tu vida que te hace libre, o ambas?

Catherine: Siento como si nada pudiese tocarme o sacarme esa sensación, venga lo que venga.

P: Cuéntame más sobre ese estado.

Catherine: Mi centro se siente sólido. Siento como si mi corazón estuviese fuera de mi pecho. De alguna manera rodea todo mi cuerpo.

P: ¿Cómo pudiste volverte tan libre?

Catherine: En el bosque. Siendo salvaje en el bosque.

P: ¿Algo se desarrolló en ti entonces, algo sucedió en tu interior cuando estabas en el bosque que te hizo de esta manera?

Catherine: La verdad es que jamás tuve miedo.

P: ¿Simplemente viniste así a esta vida?

Catherine: Sí.

P: ¿Qué estás haciendo en ese pueblo ahora, mientras caminas?

Catherine: Estoy yendo hacia el centro del pueblo. Hay una plaza y una fuente. Agua brillante y limpia sale de ella. Tengo ganas de beberla y lavar mi cara en el agua. Y mirarla. Mirarla fluir de la tierra.

P: ¿Cuál es tu situación de vida? ¿Dónde vives y cómo te las arreglas para vivir?

Catherine: No tengo casa. No tengo familia.

Capítulo 15: La Sabiduría de los Despiertos

P: ¿Cómo sobrevives entonces?

Catherine: Por la amabilidad. La amabilidad de otros. Ellos me alimentan.

P: ¿Cómo te describes a ti misma? ¿Eres simplemente un alma libre que vive sola y deambula viviendo de la caridad de otros? ¿Un espíritu libre?

Catherine: Sí. Veo una mano con pan. Y me doy vuelta y escucho. Estoy agradecida.

A lo largo de toda esta regresión, Catherine está grandemente emocionada y en lágrimas. A medida que la sesión progresa se torna aún más intensa.

P: ¿Eres una huérfana a los ojos del mundo?

Catherine: No.

P: ¿Cómo lo describirías?

Catherine: Libre. Siento sus manos tocando las mías. Los hago sonreír. Ellos me aman.

P: ¿Qué es lo más significativo en este momento, dentro tuyo o a tu alrededor?

Catherine: Siento como si fuese la fuente. La fuente soy yo. Siento que puedo sentir el agua en mi cuerpo y deslizándose de mi cuerpo. Siento como si pudiese ingresar en ella y ser la fuente. Y jamás salir de allí, y ser la fuente.

P: Movámonos hacia adelante una vez más, hasta un período más avanzado de tu vida, a otro momento importante de tu vida. ¿Qué es lo que ocurre ahora?

Catherine: Estoy en una calle de tierra. Hay pequeños

cercos en ambos lados de la calle. Estoy caminando entre colinas verdes a cada lado. Parece que la calle se curva a medida que sube y no puedo ver adonde va.

P: ¿Cuántos años tienes ahora?

Catherine: Cuarenta y seis.

P: ¿A dónde vas?

Catherine: A ver las ovejas. Ver donde viven y cómo viven. Parecen estar libres pero no son libres.

P: ¿Cómo te hacen sentir?

Catherine: Me hace preguntarme quién las está cuidando. Me hace feliz y me preocupa al mismo tiempo.

P: ¿Cómo te describes a ti misma, la forma en la que vives, lo que eres?

Catherine: Vivo con los animales y con la naturaleza y simplemente nos llevamos bien.

P: ¿Te quedas en un mismo sitio o te mueves mucho de un lugar a otro?

Catherine: Deambulo todo el tiempo. Caminando.

P: ¿Cuál es tu estado de consciencia durante esta vida?

Catherine: Siento que brillo. Siento como si mi cuerpo fuese la tierra. En ocasiones siento como si lo viese todo al mismo tiempo. A veces es demasiado.

P: ¿Dirías que estás muy despierta?

Catherine: Sí.

P: ¿Y viniste a este nacimiento así desde el principio?

Catherine: Sí, como si hubiese salido caminando del cielo.

Capítulo 15: La Sabiduría de los Despiertos

P: ¿Cuál es tu propósito en la vida?

Catherine: *(todavía más emocionada)* Amor. Amor. Ser amor. Caminar en el amor.

P: Ahora tienes cuarenta y seis años de edad, ¿cuál es la observación más significativa de tu vida en este punto?

Catherine: La verdad es que me siento tan fuerte. Y libre de miedo. Simplemente conozco mi camino, interna y externamente. Todo es uno.

P: En esta era, la gente, la sociedad en la que vives, ¿sencillamente te permiten ser lo que eres, sin molestarte? ¿Cómo es la reacción de la sociedad que te rodea respecto a tu despertar y a tu espíritu de amor libre?

Catherine: Simplemente saben que eso es lo que soy. Meramente dicen: "Oh, allí va". Hay una simple aceptación.

P: ¿Hay algo que tú hagas por ellos, o hay algo que signifiques para ellos? De ser así, ¿Comprenden lo que haces por ellos?

Catherine: Es más sutil.

P: Ayúdame a comprender qué significa eso.

Catherine: Siendo yo misma, ellos son yo y yo soy ellos. Ellos lo saben. Es un conocimiento profundo, es compasión. Empatía. La empatía está ascendiendo atravesando mis pies (llorando con fuertes emociones). Ahora mi corazón. Sencillamente los amo.

P: Avancemos una vez más hasta un período mucho después en tu vida. ¿Qué está ocurriendo ahora?

Catherine: Estoy sentada en una silla vieja de piedra,

afuera. Muy vieja. Hay algunos árboles. No veo ninguna otra cosa a mi alrededor.

P: ¿Qué edad tienes ahora?

Catherine: Ochenta.

P: ¿Qué sucede en tu interior en este momento?

Catherine: Estoy fuera de mí, encima de mí. Veo y miro hacia abajo. Estoy flotando cerca del cielo y veo mi cuerpo sentado en la silla.

P: ¿Es este un estado particular de consciencia?

Catherine: Entro y salgo de mi cuerpo y miro hacia abajo al mundo y los alrededores. Hay un campo con pastizales alrededor de la silla que no había visto antes. Hay árboles en derredor formando un círculo grande. Se esparcen por mucha distancia. Este es un lugar secreto. Veo a los animales viniendo. Me siento en calma.

P: ¿Esto es algo que haces a menudo, salir del cuerpo de esa manera?

Catherine: Solía sucederme cuando era adolescente y tal vez sucedió unas pocas veces desde ese entonces.

P: ¿Qué haces cuando sales de tu cuerpo?

Catherine: Me da una perspectiva mayor. Veo al mundo desde un lugar diferente.

P: ¿Cuándo haces eso también puedes visitar otros lugares y visitar a otra gente, o mayormente flotas sobre tu cuerpo?

Catherine: No, veo el mundo.

P: ¿Todo el mundo?

Capítulo 15: La Sabiduría de los Despiertos

Catherine: Sí.

P: ¿Entonces básicamente puedes ir donde quieras y ver lo que sea que quieras ver?

Catherine: Sí.

P: ¿Para qué haces esto? ¿Es para aprender algo, comprender o simplemente para ser?

Catherine: Perspectiva. No tiene que ver conmigo. Se trata del mundo.

P: ¿Qué sientes respecto a ti misma en este momento? ¿Cuál es la comprensión más significativa ahora que estás fuera del cuerpo?

Catherine: Somos todos libres. Soy libre. Estamos todos juntos. Tenemos que vernos el uno al otro y a todas las cosas y a todos los seres. Es como un gran concierto sucediendo al mismo tiempo. Pero no suena fuerte. Es como si cada cosita insignificante estuviese sucediendo exactamente como debe hacerlo.

P: Tú tienes la realización de esta unidad de toda la existencia, sin embargo la gente no está consciente de eso, ¿no es así?

Catherine: Eso es cierto. Hay luz saliendo de mi espalda y de mi pecho. Simplemente emana hacia el exterior, alejándose de mí, hacia el espacio. También la veo en la silla. Y la luz toca mi estómago mientras floto.

Creo que ella quiere que regrese. Voy a regresar.

P: ¿Regresar al cuerpo?

Catherine: Sí.

P: ¿Qué pasa ahora?

Tercera Parte: Despertando al Significado de Nuestro Más Elevado Propósito

Catherine: Siento como si estuviese sentada a un centímetro de la silla. Sentada sobre una capa de luz. Hay una energía entre mi cuerpo y la roca, me mantiene flotando por encima de la roca. Veo cosas verdes creciendo alrededor de mis pies, como enredaderas aferrándome a la tierra.

P: A la gran santa española, Teresa de Ávila le ocurrieron cosas similares. Las otras monjas tenían que sostenerla durante la oración para que no levitase hacia el techo. ¿Es esto algo similar?

Catherine: Sí.

P: Avancemos hasta el último día de tu vida. ¿Cuántos años tienes ahora en este último día de vida?

Catherine: Muy, muy vieja.

P: ¿Dónde estás en este momento?

Catherine: Hay un bloque de piedra grande, chato y grueso. Tiene una base debajo de ella, como si la piedra estuviese colocada sobre esa base. Es muy vieja y tiene la forma de un ojo. Estoy acostada sobre esa piedra y tengo pelo largo y gris que se ondea con el viento a los costados. Parece que hay seres de alguna clase. Pequeñas luces todo alrededor.

P: ¿Están ahí para ayudarte a ascender?

Catherine: Sí.

P: ¿Cómo se desarrollan la ascensión y la trascendencia?

Catherine: Siento que ruedo hacia un costado y coloco mis rodillas contra el pecho, como en una posición fetal. Tengo puesto el mismo vestido blanco que vestí

Capítulo 15: La Sabiduría de los Despiertos

al comienzo, cuando entré al bosque por primera vez. Cierro mis ojos, el sol está brillando y hay árboles todo en derredor. Mientras cierro los ojos siento que dejo el cuerpo en la forma con la que ingresé al principio. Veo a mi cuerpo en esa forma mientras lo dejo. Los seres están rodeándome.

P: Antes de que prosigamos y me describas como sucede todo; mirando hacia atrás sobre esta vida, ¿qué puedes decirme sobre el motivo por el cual naciste y cuál fue el propósito de esa vida?

Catherine: El propósito fue esparcir amor de alguna manera. Ser la alegría, ser el alma. Tener contacto con eso.

P: ¿Hubo algo que tenías que aprender o todo fue para el bien de los demás?

Catherine: Aprendí a estar en la naturaleza. Aprendí sobre la amabilidad de la gente, la tierra y los animales. Aprendí el verdadero significado del sustento.

P: ¿Cómo te parece que te fue?

Catherine: Bien.

P: ¿Qué es lo próximo que ocurre ahora?

Catherine: Siento que mis brazos están sobre mi cabeza, con mis manos juntas. Los dedos de mis pies están apuntando hacia abajo. Estoy a punto de dar una brazada, como nadando. Mientras lo hago, como si estuviese dando una brazada frontal, todas las partículas de mi cuerpo se separan y se envuelven en torno al planeta como en un abrazo gigantesco. Y simplemente acabo de irme. Como dando un gran gracias *(muy emocionada, llorando)*.

Soy parte de todo eso. Parte de todo lo que vi cuando estaba fuera de mi cuerpo. Es como si cada célula se redujese y yo pudiese mirar hacia afuera, hacia el espacio. Desde cada punto de la tierra.

P: ¿Vas a quedarte en este estado o vas a ascender a una consciencia más elevada, más allá de la tierra?

Normalmente, a esta altura, yo guío al cliente hacia el estado de la vida entre vidas, ayudándolo a lograr el cruce. Pero en este caso quise ver qué ocurriría si la dejaba sola, ya que estaba describiendo realizaciones cósmicas tan extraordinarias.

Catherine: Parece que las células tienen que quedarse y ver. Ser los ojos de la tierra y mirar hacia el espacio. Estar atadas de alguna manera. La atmósfera puede ver al espacio a través de mis células.

P: ¿Qué ocurre con tu consciencia individual? ¿Eres capaz de separarte de esas células para entrar a un estado de consciencia superior, más allá del plano terreno?

Catherine: Sí, ya me hice a un lado de todo. Hay una fuerza que me retiene suavemente.

P: Permítete entrar a tu hogar espiritual a medida que asciendes a una consciencia superior…

Catherine: Sí, es púrpura. Un lugar para sentarse. Es como si fuese puesta allí muy suavemente.

P: ¿Qué ocurre después?

Catherine: Estoy en un lugar de cristal púrpura. Es la sala de la paz. Hay seres alrededor. La mayoría tienen forma humana esta vez. Siento que me dan apoyo.

Capítulo 15: La Sabiduría de los Despiertos

P: ¿Qué se siente en este momento?

Catherine: Ah, es tan hermoso, tan tranquilo. Se siente solitario pero conectado.

P: ¿Es este un buen lugar para hablar sobre la vida de Catherine (su vida actual)? ¿Y tal vez poner esto en perspectiva con la vida como este espíritu libre?

Catherine: Sí.

P: ¿Si miramos a la vida de Catherine y la comparamos con esta otra vida como espíritu libre, cuáles son tus observaciones?

Catherine: Se sienten igual, pero si lo consideramos en la vida de Catherine no fue lo mismo.

P: ¿Por qué?

Catherine: Obstáculos para la libertad.

P: ¿Qué sería lo que causa obstáculos en la vida de Catherine?

Catherine: La gente. Su influencia. No tiene libertad; es empujada y tironeada por la gente.

P: ¿Es más bien el subconsciente colectivo de la época en la que vive Catherine que no apoya este tipo de libertad, o se trata mayormente del hecho de que ella asumió este tipo de circunstancias por alguna razón particular?

Catherine: Ambas. Ella se puso sobre los hombros la circunstancia de cuidar de todo y de cada uno de cuantos la rodean.

P: ¿Por qué, y con qué finalidad?

Catherine: Para sentirse amada y estar a salvo.

P: ¿Cómo explicas que en tu vida previa como un espíritu libre eras tan iluminada, mientras que en la vida como Catherine eso no parece manifestarse del todo? Comprendo que dijiste que se debe a la gente y a las circunstancias, pero ¿cómo explicas esta diferencia tan tremenda?

Catherine: Se perdió en medio del miedo a la supervivencia, el heroísmo y los detalles. Parece haber una armadura. Jamás se preocupó por la supervivencia en la otra vida.

P: ¿Cómo ocurre esta transición de regresar al confinamiento cuando ya había obtenido estados tan elevados de libertad espiritual? ¿Cómo es que no se trasladaron a esta vida como Catherine?

Catherine: Alguien lo cortó.

P: Cuéntame sobre eso.

Catherine: Mis padres lo cortaron.

P: Si lo miras desde este plano superior, ¿ese corte se debió a una causa kármica o a una decisión consciente de tu alma?

Catherine: Parece que esa fue la acción que tuve que tomar en ese entonces, dentro del útero. Me veo regresando a ese momento en el útero, cuando mis padres estaban peleando y yo tuve que tomar cierta acción protectora para salvarme.

Esto es muy interesante, porque al comienzo de la sesión, cuando realizamos una regresión al útero (cosa que es parte del proceso normal de la regresión), ella se describió

Capítulo 15: La Sabiduría de los Despiertos

sintiéndose completamente envuelta en luz, desapegada y separada de su madre, quien era una personalidad ansiosa. Describió cómo pudo ser capaz de ser ella misma y ser independiente pese al estado mental de su madre. Al parecer, ingresó al útero en un estado iluminado pero decidió cubrirlo poco después.

> Catherine: Ese momento lo cambió todo.
>
> P: ¿Cuál es el próximo paso a seguir, de modo que puedas integrar nuevamente en la vida de Catherine al espíritu de la consciencia despertada en tu vida previa?
>
> Catherine: En lugar de aferrarme a lo que mis padres hicieron, necesito soltarlo y comenzar a trepar árboles. Ser libre. Yo no soy ellos.
>
> P: ¿Cómo sugieres que Catherine haga eso?
>
> Catherine: La veo sentada allí, en el árbol, y todo comienza a desvanecerse. Ella se vuelve una esfera de luz. Su pecho es luz, está atrayendo algo a su interior.
>
> P: ¿En vez de verlo, puedes ingresar allí?

Aquí Catherine está integrando la experiencia entre profundos suspiros de alivio. La dejo tranquila por un rato. Está pasando por una experiencia emocional muy profunda.

> Catherine: Todo luz. Todo se está disipando. Estoy de nuevo en el espacio de cristal púrpura. Hay una luz que viene desde allí hacia mi vida como Catherine. Está brillando sobre la vida entera.
>
> Hay una luz brillando en la línea de esa vida. Hay muchos colores más brillantes que la tierra misma. Todos esos

años son brillantes y coloridos ahora. Acompañando la línea del tiempo *(respira profunda y emocionadamente).*

P: ¿Está completa la integración ahora?

Catherine: Sí.

P: ¿Cómo te sientes ahora?

Catherine: Fantástico. Me siento muy bien.

P: ¿Podemos decir que el despertar de la vida previa ha sido reintegrado en la consciencia de Catherine ahora?

Catherine: Sí, me siento liberada. Estoy de pie con mis brazos extendidos y la palma de mis manos hacia arriba. Como solía hacerlo. Me siento realmente alta. Siento que simplemente quiero seguir caminando de esa forma. Caminando hacia el espacio. No es necesario ir a lugar alguno. Simplemente caminar. Con mi pecho hacia afuera, mis hombros hacia atrás.

Ahora estoy volando. Sintiendo el aire. Siento a la energía moviéndose por mi cuerpo. Es tan fácil moverse aquí. Cada movimiento se torna en luz. Yo me vuelvo luz. Me siento como una estrella cayendo. Cayendo a través del espacio *(extática).* Soy una con todo el resto de la luz.

¡Qué tranquilidad!

P: ¿Hay algo más para explorar o ya estás lista?

Catherine: Estoy lista. Me siento limpia.

Suavemente le permito reintegrarse una vez más con su cuerpo y lentamente terminamos la sesión. Luego de la sesión, Catherine me contó cómo su vida cambió

Capítulo 15: La Sabiduría de los Despiertos

profundamente y cómo recuperó nuevamente su despertar interior y su libertad. Me dijo que muy probablemente necesitará el resto de su vida para integrar completamente lo que ocurrió durante la sesión.

Considerando el hecho de que ella había logrado un estado de consciencia altamente avanzado en un cuerpo anterior, y que su cuerpo actual y su medio ambiente no están habituados a esta elevada vibración, es comprensible que la integración completa pueda requerir tiempo.

Lo que es muy interesante sobre este caso es que al parecer ella perdió su elevado estado de consciencia estando en el útero. Cuando ella recién había ingresado al útero todavía llevaba consigo la luz de su logro anterior, pero para poder adaptarse a su nuevo ambiente y para protegerse, eligió cubrirlo.

Un gran santo una vez me dijo que la iluminación espiritual no es meramente un asunto individual. El subconsciente colectivo de nuestra cultura y nuestro cuerpo deben estar lo suficientemente sintonizados para poder llevar esta frecuencia elevada. En nuestro mundo occidental ha sido muy difícil, si no imposible, lograr semejantes estados superconscientes. Sólo unos pocos elegidos eran lo suficientemente poderosos. El subconsciente colectivo simplemente no favorecía esos estados. Pero las cosas parecen estar cambiando ahora, y en todas partes, como hongos en un bosque, estos seres iluminados están apareciendo, atravesando la previamente impenetrable densidad de nuestros tiempos modernos.

Esto también se aplica a nuestro cuerpo y nuestro sistema nervioso. La comida que comemos, la gente con la cual

Tercera Parte: Despertando al Significado de Nuestro Más Elevado Propósito

nos asociamos, el campo vibratorio de nuestros padres y protectores, todo eso influencia el ambiente de la conciencia emergente. Catherine está aprendiendo cómo llevar esta corriente a través de su cuerpo y expresarla libremente en su medio ambiente. No estamos separados de nuestro entorno. Un ser iluminado, especialmente, es altamente sensible no sólo de su interior sino también del mundo que lo rodea. Todos estamos conectados.

Energéticamente esto también tiene sentido. Después de todo, no somos materia. La física cuántica nos enseña que sólo la energía existe. Cómo dijo Albert Einstein:

"Somos ondas enlentecidas de sonido y luz, un manojo caminante de frecuencias sintonizadas con el cosmos. Somos almas vestidas con ropas bioquímicas sagradas y nuestros cuerpos son los instrumentos a través de los cuales nuestras almas interpretan su música.

Independientemente de todo lo anterior, y sin importar que impresión este caso y el siguiente puedan dejar en el lector, lo que más importa es el resultado transformador que ocurre durante la experiencia del cliente. En ambos casos, la transformación fue enorme y permanente. De hecho, durante estas sesiones la energía era tan poderosa que dejó también un efecto permanente en mí, el terapeuta.

El próximo caso es el de una mujer de treinta y cuatro años de edad, llamada June, proveniente del norte de California, que vino a verme en mi oficina en el Sur de California. Si bien era nacida y criada en los Estados Unidos y tenía padres estadounidenses, sus facciones delicadas parecían ser del medio oriente. Dotada de una personalidad muy abierta y alegre, llevaba consigo una

Capítulo 15: La Sabiduría de los Despiertos

luz interior notable en el momento que ingresó por la puerta.

Incluso en esta vida ella había realizado muchas prácticas espirituales, había enseñado y estaba activamente ocupada en el mundo del yoga. Madre de dos niños pequeños, había encontrado lo que ella llamaba su 'alma gemela' y estaba muy feliz y estable con su familia y con su vida amorosa.

Aun así, estaba buscando más. En su formulario de ingreso expresó su necesidad de conectarse a un poder superior y sintió un fuerte llamado interior de manifestar una consciencia superior. Lo que ocurrió a continuación fue mucho más de lo que ella jamás podría haber imaginado.

Durante su regresión, primero regresamos al útero, donde tuvimos algunos sucesos interesantes. Sus primeros pensamientos en el útero fueron: "¡Otra vez! ¡Qué estoy haciendo aquí de nuevo!".

> June: Me siento apretada. Es agradable y cálido pero sé lo que está por suceder.
>
> P: ¿Cuál es tu evaluación del cuerpo con el que vas a estar trabajando?
>
> June: Va a andar bien. Es suficiente y saludable.
>
> P: ¿Cuáles son las mejores cualidades de este cuerpo?
>
> June: Mi piel se siente agradable. El cuerpo va a ser saludable y fuerte. Para proteger lo sensible que voy a ser.
>
> P: ¿Qué piensas del cerebro que vas a estar usando en esta oportunidad?

June: Va a ser mal comprendido a menudo. No es de este mundo.

P: Dime más.

June: Es como un procesador de alta velocidad. No hay muchas palabras que pueda usar para describirlo. Retiene y accede a información a una velocidad superior. A la gente le va a parecer realmente muy raro, todas las cosas que puede recordar.

P: ¿Cómo te sientes con él?

June: Es puro. Transmite consciencia divina, es como un portal, un canal de la verdad. Eso es lo que me preocupa.

P: ¿Por qué te preocupa eso?

June: Porque a la gente no le gusta la verdad.

P: Por un lado está la gente en general, y por el otro estás tú y la gente que amas. ¿Qué pasa contigo, cómo funciona eso para ti?

June: Si sacamos a todos los demás de la ecuación es simple. Me da todas las respuestas respecto a todo en el universo.

No me gusta estar separada. Cada vez que nazco me separan. Me separan de la fuente, de esta paz.

P: ¿Podrían este cuerpo y esta mente ser usadas para canalizar la fuente, de modo que no estés tan separada?

June: Sí, pero aun así estoy sola.

P: ¿Por qué sola?

June: Me siento sola cuando estoy con otros. En este estado estoy plena y unificada. Todos los demás reflejan

Capítulo 15: La Sabiduría de los Despiertos

la separación. Es difícil. Aquí me siento conectada.

June ya estaba conectada a la consciencia superior desde el útero y proseguimos directamente hasta la dimensión de la vida entre vidas. Eso no es extraño, e incluso desde aquí todavía podemos acceder a información de vidas pasadas cuando es necesario. Para algunas almas la experiencia de vidas pasadas no es tan relevante en esa etapa de su evolución y el alma elige ascender directamente. El hecho de que hayamos programado esta sesión para este día en particular también tiene su pertinencia. Es en este momento que una experiencia es necesaria para ganar el conocimiento de cómo continuar el viaje de esta vida. Es una parada de chequeo técnico, o un punto de control, donde el alma se contacta y se conecta con la fuente para obtener un mapa actualizado o para recibir más combustible para proseguir el viaje.

June: La frecuencia que siento corriendo por mi cuerpo en este momento no es humana. Es mucho más elevada.

P: Acoge la ausencia de carácter físico de tu ser.

June: Aaah, este es un sentimiento muy extraño. No hay mucha gravedad *(respirando agitadamente y comenzando a llorar)*. Esto es lo que extrañaba *(sollozando, entrando instantáneamente en un estado de éxtasis cósmico)*. Es mucho mejor aquí (llorando en alta voz).

No había imaginado que iba a ser tan difícil allá abajo *(todavía sollozando)*. No quiero ir más. En parte estoy aquí pero no estoy.

P: Sí, estas son existencias paralelas, frecuencias paralelas.

Tercera Parte: Despertando al Significado de Nuestro Más Elevado Propósito

Coexisten. No se trata de un lugar. Es una frecuencia, un estado de consciencia.

¿Qué es lo que notas dentro y fuera tuyo en este momento?

June: Es simplemente menos denso. Mi cuerpo no mantiene su forma necesariamente. Puedo modificar la forma. Puedo estar aquí en una forma si deseo hacerlo. No hay necesidad de sobrevivir.

P: ¿Hay alguna presencia o energía cerca de ti que podamos considerar como un principio guía? ¿O eres tu propio principio guía?

June: Sí, soy mi propio guía. Hay mucha libertad. Veo constantemente una cantidad de colores azul, turquesa y púrpura.

P: ¿Son de tu propia energía o son energías que te rodean?

June: Son los colores de otros seres.

P: ¿Este es un buen lugar para hacer unas preguntas sobre la vida de June, ya que estás tan conectada a tu consciencia superior?

June: *(Riendo)* Ella está bien.

P: Bueno, ¿por qué no le preguntamos? Porque eso es lo que ella vino a hacer hoy.

June: Ok, porqué no.

P: June pregunta si debería enseñar ciertos conceptos espirituales y de relaciones en los que había estado pensando.

June: Nacer es simplemente todo lo que se necesita hacer. Uno mantiene la semilla de la consciencia. Ese impacto, la presencia, y lo que elegimos hacer con ello usando nuestra libre voluntad es suficiente. Ella está tratando de encontrar y sentir algún propósito, pero ese no es el punto.

P: ¿Simplemente ser?

June: Sí.

P: ¿Ella está consciente de esto en su consciencia diaria?

June: A veces, pero June tiene un gran impulso y determinación para intentar encontrar un propósito terreno.

P: ¿Cómo sugieres que haga para encontrar un camino medio? *(hay silencio por largo rato mientras ella profundiza aún más en su interior).*

June: siento que estoy yendo a un espacio diferente ahora. Constantemente veo la imagen de Jesús. No la imagen real, sólo la imagen que nos mostraron.

No entiendo por qué. Me siento nauseada *(emocional)*. Molesta.

P: ¿Por qué?

June: Es una mentira. Me usaron. Esto no es lo que se suponía que debía ser.

P: ¿Cómo es que puedes sentir este dolor? ¿Cuál es tu relación con eso?

June: *(llorando)* No quiero decirlo.

P: Simplemente dilo, no hay nadie aquí.

June: *(llorando más fuerte)* Nadie me va a creer. Fui yo *(llorando amarga y largamente, temblando).* Todo mi cuerpo está prendido fuego *(continúa llorando altamente y por largo tiempo).*

No sé qué está pasando.

P: Acéptalo y listo.

June: No quiero hacerlo *(todavía llorando alto)*.

P: Simplemente permítelo, no resistas. Eres un canal. Está bien. Se mueve contigo y a través de ti.

Le cuesta mucho recibir la corriente de energía divina que repentinamente comenzó a moverse a través de ella. Le lleva un tiempo, y con algo de ayuda y aliento finalmente es capaz de calmarse y permitir que fluya más fácilmente.

June: *(todavía extasiada)* Me están mostrando que el amor es todo lo que existe. No necesito hacer nada. Voy a moverme cuando me mueva desde el corazón *(temblando y respirando agitadamente por varios minutos más)*.

Jamás quise ser idolatrada. Me temo que voy a estropearlo todo de nuevo. Hay algo que no sé.

¡Hay, hombre! Es un sacrificio regresar y ver donde estamos. No puedo estar presente a menudo. Se siente traumático. Desde el estado intermedio, donde es tan hermoso. Me cuesta mucho encontrar esa belleza aquí. Pero quiero hacerlo. El mundo no es muy amable conmigo cada vez que ingreso. Es por lo que represento. O me queman o me cuelgan. Así que me escondo. Me aíslo. Me entontezco a mí misma, pero cuando hago eso no me quiero a mí misma.

Estoy aprendiendo que eso es más importante. Primero amarme a mí misma.

Capítulo 15: La Sabiduría de los Despiertos

No puede ser cierto *(una parte de su propio ser se entremezcla con la fuerza que se mueve a través de ella. Intervengo para ayudarla)*

P: Por supuesto que puede ser. El espíritu puede moverse a través tuyo. No es un cuerpo. Es una consciencia que se conecta contigo. Así es como funcionan los medios. El espíritu no es una persona. Puede trabajar a través de millones como tú. Tú estás conectada con esa realidad en este momento. Esto es lo que le ocurre a los santos. Ellos canalizan. ¿Sabes de la gente que tuvo los estigmas? Así estás tú ahora. Simplemente acéptalo, no dudes en ti misma.

June: *(Llorando más alto)* Ellos están tratando de decirme eso. Estoy tan asustada.

P: Acéptalo. Deja de resistir. Puedes recibirlo tranquila y silenciosamente. Nadie necesita saberlo. En un segundo plano. Deja que trabaje a través tuyo en un segundo plano. Él es tan grande. No trabaja meramente en sólo un cuerpo. Quien sea que esté listo para recibir su amor…

June: Estoy oyendo que hay en realidad un número. Alrededor de 200.000 personas. No es la primera vez que esto sucede.

P: Tómate un momento para permitir que esta fuerza normalice tu sistema nervioso.

June: Lo interesante es que los otros seres que me rodeaban eran incluso superiores. No habría podido estar con ellos por mucho tiempo. A este puedo realmente integrarlo.

P: ¿Quizás su energía es demasiado alta para nuestro sistema nervioso? ¿Parecido a pasar 10.000 voltios por un cable finito?

June: Sí, eso es lo que dijeron. Pero conseguí un poco a pesar de todo. Todavía se está comunicando conmigo, pero de modo diferente, es más bien mentalmente. Pero lo que está diciendo es que la meta para mí es que en definitiva logre personificarlos en esta vida. Traerlos plenamente a mi estado de ser humano. Pero que va a llevar tiempo. Pero ese es el propósito. Cuando me hiciste esa pregunta anteriormente; ese es el propósito. Ellos quieren entrar en mí plenamente.

P: Entiendo.

June: Ahora no puedo. Mi cuerpo no está listo.

P: Sí, tal vez necesites realizar prácticas para prepararte.

June: Sí, eso es lo que dijeron. Están diciendo que la frecuencia de Jesús es la justa en este momento. A esa puedo integrarla verdaderamente y estar bien, y no enfermarme. Pero el próximo paso se está acercando. Ya dejé de beber y de comer carne. La razón por la cual estoy cortando mi relación con la mayoría de la gente en el presente no es aislamiento sino una necesidad. Quieren que me mude a un lugar más adecuado con mejores vibraciones, menos interferencia en las ondas energéticas.

Dicen que cuando llegue ese momento debería comenzar a producir mi propia comida y comenzar a tornarme una con la pureza de la tierra. Cuando eso ocurra ellos penetrarán en mi más profundamente.

Ahora tengo un propósito. Eso es lo que estaba buscando *(lentamente está bajando del estado extático y reintegrándose con su ser físico).*

Capítulo 15: La Sabiduría de los Despiertos

La dejo permanecer con la energía divina por un rato más para permitir que las cosas se ajusten y se integre más profundamente, y luego le digo que me haga saber cuando esté lista. Mientras disfruta de la paz y dicha, repentinamente dice:

June: ¡Oh Dios mío, están todos aquí! San Germaine, un montón de ellos revelándose a mí en forma humana para que pueda verlos, alentándome a seguir. Cosas como: "¡Tú puedes"! A veces no siento que puedo hacerlo.

P: ¿Ese no es el 'yo' que está hablando? ¿Qué ocurrió con ser simplemente un instrumento?

June: Sí, me dicen que no estaría aquí si fuese alguien que hace eso. Están eligiendo a los modestos, a los humildes.

No quiero despedirme.

P: No tengo apuro. Tómate tu tiempo.

Luego de un rato, finalmente acabamos con la sesión.

La noción de que una figura divina actúa a través de muchas almas no es un concepto nuevo. Es sólo cuando miramos a una figura histórica como siendo un cuerpo o un individuo que esta idea parece poco realista. ¿Pero es Jesús meramente un cuerpo o está hecho de espíritu, uno con la consciencia última de la cual él emergió? Ya nos referimos en un capítulo anterior a la idea de cómo el hielo, el vapor y la niebla son todas distintas formas del agua, y de modo similar, del océano de la conciencia infinita, emergen santos que pueden asumir un cuerpo humano por el bien de la humanidad.

Tercera Parte: Despertando al Significado de Nuestro Más Elevado Propósito

June, por medio de su innata inocencia y pureza de carácter, fue capaz de conectarse con la frecuencia de seres divinos que la eligieron para comenzar a trabajar con y a través de ella. Personalmente he oído de este concepto muchas veces mientras vivía en India, así que el evento ocurrido durante la sesión no resultó nuevo o extraño para mí, y consecuentemente fui capaz de ayudarla a encontrar sentido a cuanto le estaba ocurriendo.

Si pensamos en ello, veremos que tiene gran sentido que una fuente divina quiera trabajar a través de más almas simultáneamente. Para elevar la frecuencia de nuestro mundo, ¿por qué trabajar sólo a través de un avatar poderoso, cuando se podría trabajar a través de cientos y miles de otros receptáculos a la vez?

Todos podemos ser receptáculos de ese tipo. La iluminación es un proceso gradual, es como la apertura de una flor de loto. Hasta el punto donde el capullo se abre, nos volvemos canales de la consciencia divina. Ese no es el derecho natural de unas pocas almas privilegiadas, es la verdadera naturaleza de lo que somos.

Almas puras como Catherine y June simplemente están un poco más avanzadas que la mayoría de nosotros, marcando el inicio de una nueva era de consciencia. Con su ayuda nosotros también podemos acercarnos a vivir una vida divina y comenzar a manifestar la divinidad dentro de nuestra propia realidad consciente. Personalmente lo considero un raro y bendito privilegio cuando tengo la oportunidad de conocer semejantes almas y de presenciar de cerca sus extáticos estados de ser. Ellos son faros de esperanza y luz, alentándonos no sólo a mirarnos como potenciales seres divinos, sino también a ver a la sociedad en general como el surgimiento de una consciencia despertando sobre la tierra.

Tercera Parte: Despertando al Significado de Nuestro Más Elevado Propósito

Capítulo 16
Reconectando Nuestro Propósito Divino

Kim, una mujer de treinta y dos años de edad, fue a verme a mi oficina en Boone, Carolina del norte. Nacida en Corea, tenía una personalidad muy dulce y tranquila, con preguntas sobre su vida que giraban en torno a su salud y a su propósito. Tenía asuntos de salud inexplicados a los cuales ningún médico había logrado encontrarles una causa, y tenía dificultades para abrirse y conectarse con la gente. Sus padres habían sido muy estrictos y abusivos con ella; incluso ahora tenía miedo de contrariarlos. Había intentado quedar embarazada pero no había tenido éxito.

Este caso tenía varias similitudes con el del capítulo anterior donde Catherine había perdido completamente

Capítulo 16: Reconectando Nuestro Propósito Divino

en esta vida la consciencia de que previamente había logrado un elevado estado de consciencia y necesitaba volver a despertar el poder de su verdadero Ser. Y al igual que Catherine, la vida pasada de Kim también había tenido grandes repercusiones en esta vida.

Comenzamos esta historia en el comienzo de su regresión a vidas pasadas.

> Kim: Es de día. Estoy afuera y a solas.
>
> P: ¿Qué es lo primero que notas?
>
> Kim: Montañas. Montañas altas con picos nevados. Es primavera. Mi cabaña está aquí.
>
> P: ¿Puedes describirme la cabaña?
>
> Kim: Está hecha de madera. Es muy pequeña. Vivo sóla aquí.
>
> P: ¿Puedes describir cómo luce por dentro?
>
> Kim: Hay hierbas colgando. Medicinales.
>
> P: ¿Son para uso personal o para otros?
>
> Kim: Para uso personal.
>
> P: ¿Estás familiarizada con esa clase de hierbas medicinales?
>
> Kim: Sí. Estoy sola. Necesito sobrevivir.
>
> P: Cuando sales al exterior, ¿cómo te sientes?
>
> Kim: Está frío. Me encanta este lugar.
>
> P: ¿Qué es lo más significativo de este momento?
>
> Kim: Puedo ver pinos muy grandes de color verde oscuro. Puedo oír una corriente de agua natural. No hay nadie a mi alrededor.

P: ¿Cómo te hace sentir eso?

Kim: Tranquila.

P: ¿Por qué?

Kim: Puedo ser libre. No puedo estar con energías negativas.

P: ¿Cómo es tu estado mental?

Kim: Muy tranquilo. Muy bueno.

P: ¿Te sientes conectada a una energía superior cuando estás aquí? (*La pregunta es un poco conductora, pero sentí que ella ya había entrado a un estado de consciencia elevado, así que di el salto*).

Kim: Sí.

P: ¿Cuál es tu estado mental ahora?

Kim: Soy una médium (*tornándose repentinamente muy emocional y respirando agitadamente*). Vine aquí para estar con la naturaleza. Sé cómo vivir con los animales. Ellos me hablan. La tierra.

P: ¿Eso qué te hace sentir?

Kim: (*Respirando muy agitadamente y en un estado extático*) Soy parte de ellos.

P: Quédate así por un momento (*Llora intensa y profundamente en una dicha extática. La dejo permanecer así por un rato*).

Kim: Soy una mujer.

P: ¿Cuántos años tienes ahora?

Kim: Cuarenta.

P: ¿En qué país estás?

Capítulo 16: Reconectando Nuestro Propósito Divino

Kim: En algún lugar de Europa, en las montañas de Alemania. El cielo es pálido.

P: ¿En qué año?

Kim: 1500.

P: ¿La gente viene a verte o vives sóla?

Kim: No, vivo sóla.

P: Avancemos en el tiempo hasta que seas más vieja, hasta otro momento importante de la vida. ¿Qué está ocurriendo ahora?

Kim: Oh, eh. Estoy enferma.

P: ¿Cuántos años tienes?

Kim: Cincuenta.

P: ¿En dónde estás en este momento?

Kim: En la cabaña. Estoy tosiendo.

P: ¿Qué tan serio es?

Kim: Estoy lista para seguir viaje.

P: Por favor, avanza hasta el último día de tu vida. ¿Sigues estando en la cabaña?

Kim: *(Tosiendo en alta voz. Esto es inusual. Si bien los clientes a menudo se sumergen completamente en la sesión, [también pueden presenciar el hecho desde arriba o desde lejos], raramente despliegan los síntomas físicos de su última vida en el cuerpo actual. Por ejemplo, muy raramente, si es que ocurre en absoluto, hablan en su lengua materna [usada en la vida pasada] durante la sesión. Sí despliegan todas las emociones y a veces las entonaciones de la voz).*

P: OK, deja que la tos se vaya. Haz que pase *(la toz cesa de*

Tercera Parte: Despertando al Significado de Nuestro Más Elevado Propósito

inmediato). ¿Qué está ocurriendo ahora?

Kim: Estoy en la cama.

P: ¿Cómo te sientes?

Kim: Estoy débil.

P: Cuéntame sobre tu vida y cómo la viviste.

Kim: Tengo tanto miedo de la gente. Van a matarme, como a una bruja. Necesitaba huir lejos. No soy parte de ellos. Estaba asustada. No era como ellos. Soy tranquila. Quiero volver a casa *(el más allá)*.

P: ¿Luego de huir de tu casa, cómo fue tu vida en el bosque?

Kim: Necesitaba esconderme. No podía mostrarme a la gente.

P: ¿Cómo te sentiste debido a eso?

Kim: Yo era feliz. La gente no comprende. No saben cómo es que soy diferente. No lo saben. No lo saben. Estoy conectada con todos y con cada cosa que me rodea. Con cada animal. Con la naturaleza.

P: ¿Cómo era tu estado interior espiritualmente?

Kim: Tan tranquila. Tenía tanta confianza. Yo sé quién soy. Lo sé. Sé lo que estoy haciendo. Lo sé.

P: ¿Fue una buena vida?

Kim: ¡¡Sí!!

P: ¿Qué fue lo que más te gustó de ella?

Kim: Sobreviví. Sobreviví. No me quemaron. Sobreviví. Me escapé.

P: ¿A qué edad te escapaste?

Capítulo 16: Reconectando Nuestro Propósito Divino

Kim: Ah, muy joven. Tenía dieciséis.

P: ¿Qué poderes tenías en esa edad que te hizo huir?

Kim: Vi mujeres siendo quemadas.

P: ¿Y tenías miedo de que eso te sucediese a ti?

Kim: Sí.

P: ¿La gente que te rodeaba ya estaba consciente de quien eras en esa etapa de tu vida?

Kim: Sí. Mi familia y amigos sabían cómo era. No podía confiar en ellos. Ellos me habrían quemado. Tuve que escaparme.

P: ¿Qué era lo que estabas haciendo, tan joven?

Kim: Puedo ver el futuro. Sé lo que ocurre. No podía decírselo a nadie. Me habrían traicionado.

P: ¿Cuál fue tu mayor aprendizaje durante esta vida?

Kim: Me siento a salvo en la naturaleza. No puedo confiar en la gente. No están listos todavía.

La hago progresar justo hasta el momento después de su muerte.

P: ¿Dónde estás ahora en relación con el cuerpo que acabas de dejar?

Kim: Estoy flotando encima del cuerpo. Puedo ver la cabaña.

P: ¿Cómo te sientes ahora?

Kim: ¡Me siento fantástico! Estoy en paz.

P: ¿Cómo te sientes respecto a tu muerte?

Kim: No tuve miedo, estaba feliz.

P: ¿Cuál fue tu último pensamiento cuando dejaste el cuerpo?

Kim: Estaba sóla en la vida, pero estaba feliz.

P: Antes de que prosigamos, ¿hay algún asunto que hayamos descuidado al que necesites atender, alguien que necesites ver, o estás lista para seguir adelante ahora?

Kim: Quiero irme.

La ayudo a avanzar hasta el estado de la vida entre vidas.

Kim: Estoy sóla. Estoy atravesando la puerta de un edificio que luce como un domo.

P: ¿Qué ocurre después?

Kim: Necesito entrar.

P: ¿Qué hay adentro?

Kim: Gente, están esperándome.

P: ¿Qué o quién es esta gente?

Kim: El Consejo.

P: ¿Cuántos miembros del Consejo hay?

Kim: Muchos.

P: ¿Puedes contarlos?

Kim: Doce.

P: ¿Hay algún miembro del Consejo que pase al frente?

Kim: Sí, una mujer. Es mi tutora.

P: ¿Ella es miembro del Consejo?

Kim: No. Ella es mi tutora.

Capítulo 16: Reconectando Nuestro Propósito Divino

Me da la bienvenida. Los miembros del Consejo están sentados en torno a una mesa. Es una mesa redonda, están en semicírculo.

La tutora sonríe. Es una mujer africana con pelo enrulado. Me encantan sus ojos.

P: ¿La conoces?

Kim: Creo que sí.

P: ¿Qué ocurre después?

Kim: Un miembro del Consejo me pregunta cómo fue mi vida.

P: ¿Qué miembro del Consejo te está preguntando eso?

Kim: El que está en el medio.

P: ¿Es una especie de energía masculina, femenina o andrógina?

Kim: Masculina.

P: ¿Qué aspecto tiene?

Kim: Un hombre viejo. Me pregunta cómo fue mi vida.

P: ¿Qué le respondes?

Kim: Fue buena.

P: ¿Qué dice el miembro del Consejo sobre eso?

Kim: Hiciste muy buen trabajo.

P: ¿Qué es lo que les gustó de tu vida?

Kim: Qué nunca me di por vencida.

P: ¿Hay alguna crítica constructiva que ofrezcan sobre cosas que tal vez podrías haber hecho diferente?

Kim: Dicen que debo tener más coraje.

(Ahora el Consejo está hablando. A veces el cliente, cuando está en ese estado, oye hablar al Consejo o al guía y me lo transmite a mí, pero en otras ocasiones se hace cargo y habla directamente) No debes ocultarte toda la vida. Tú tienes dones. Nosotros te dimos poder. Estábamos contigo. Debes ayudar a la gente.

P: ¿Cuál es tu reacción?

Kim: Estaba asustada. Era débil. Estaba totalmente sola. No había nadie conmigo.

(El Consejo hablando) Nosotros estamos contigo. Necesitas ponerte de pie. Posees dones.

P: ¿Qué más ofrecen como consejo o como observación?

Kim: *(El Consejo hablando)* Necesitas aprender cómo amar a la gente. Necesitas aprender a vivir con la gente. No estás sola. Necesitas ponerte de pie. Tus dones son para ayudar a la gente, no para que te escondas. Tú sabes cómo comunicarte con nosotros. Necesitas progresar. Necesitas desafiar tus miedos y tus obstáculos.

P: ¿Pero qué hay de la sociedad en la que viviste? ¿Qué podrías haber hecho?

Kim: Ya se los dije. Ya les dije que eran muy ignorantes. Que no estaban listos. Los seres humanos no están listos. Necesitan más tiempo para evolucionar.

P: ¿Qué es lo que dicen de eso?

Kim: *(El Consejo hablando)* Por eso es que te enviamos allí, para acelerar las cosas. Las religiones no son la respuesta *(particularmente relevante durante la quema de las brujas durante la edad media)*. Necesitas olvidar su ignorancia. Tu misión es ayudarlos, no esconderte. Olvídate de ti misma.

Capítulo 16: Reconectando Nuestro Propósito Divino

Kim de nuevo: Estaba asustada.

Perdón.

P: ¿Fue ese el plan que te propusiste alcanzar antes de nacer?

Kim: Sí, dicen que estaba calificada.

Pero no estaba lista.

P: ¿Así que el plan en realidad no fue alcanzado?

Kim: No. Están desilusionados. Ellos son buenos, son como mis padres, pero quieren que haga más. Quieren que yo acelere las cosas.

P: Ok, ¿pero por qué tú? ¿Qué es lo que te hace especial?

Kim: No soy especial.

P: ¿Qué es lo que te hace calificada?

Kim: Tenía experiencia. Muchísima.

P: ¿De dónde salió esa experiencia?

Kim: De mi pasado.

P: ¿De vidas pasadas?

Kim: Sí.

P: ¿Qué puedes decirme de ese pasado?

Kim: No viví como un ser humano normal. Estaba siempre con Dios.

P: ¿Esas cualidades se desarrollaron en el estado intermedio o en la tierra?

Kim: En la tierra.

P: ¿Estabas siempre con Dios?

Kim: Sí, allí *(en la tierra)* y también cuando estaba en el

Tercera Parte: Despertando al Significado de Nuestro Más Elevado Propósito

estado entre vidas.

P: ¿Cuál es tu especialidad como alma?

Kim: Sanación y medicina. Puedo mostrarles como evolucionar.

P: ¿Eres una instructora entonces?

Kim: Sí.

P: ¿Perteneces a algún tipo de grupo de almas?

Kim: No pertenezco a ningún grupo de almas. Trabajo con la tutora y con el Consejo directamente.

P: ¿Cuál era el plan para la vida de Kim, antes de asumir este nacimiento?

Kim: Ella necesita aprender a comprender a la gente. Siempre estuvo con Dios y en la naturaleza. Eso no la ayuda.

P: ¿Entonces esta vida gira en torno a eso?

Kim: Sí, aprender a comprender. Por eso es que está con una familia que no la comprende. De ese modo ella aprende sobre la gente y sus problemas.

P: ¿Kim trajo alguna de sus cualidades sanadoras con ella en esta oportunidad?

Kim: *(enfáticamente)* ¡Sí!

P: ¿Ya las está usando?

Kim: No.

P: ¿Por qué no?

Kim: Está encerrada.

P: ¿Cómo puede hacer para liberarlas de nuevo? ¿Se supone que debe hacerlo?

Capítulo 16: Reconectando Nuestro Propósito Divino

Kim: ¡¡¡Sí!!!

P: Si le preguntamos al Consejo ahora sobre el plan de vida de Kim, ¿qué es lo que dicen?

Kim: Ella necesita abrir sus dones, sus chakras.

P: ¿Cómo puede hacerlo?

Kim: Necesita recordar sus vidas pasadas, necesita recordar quién es.

P: ¿Podemos hacer eso aquí mismo? ¿Y puede el Consejo ayudarnos con eso?

Kim: Pueden darme una luz. Pero dicen que pueden mostrarme la luz pero que necesito hacerlo yo misma. Porque esta es mi misión.

P: ¿Puedes describir la misión una vez más?

Kim: Abrir los chakras. Abrir los dones. Y curarte a ti misma. Luego podrás curar a otros.

P: ¿Vas a hacerlo?

Kim: Sí.

P: ¿Por qué elegiste un cuerpo coreano y femenino esta vez *(es una de las preguntas hechas por Kim en el formulario de admisión)*?

Kim: La sociedad coreana es dura con las mujeres. Ella siempre elige el cuerpo de una mujer porque es más fácil comunicarse con Dios. El cuerpo de una mujer coreana era el mejor desafío. La mujer coreana sufre muchísimos obstáculos.

P: ¿Entonces este desafío, ser una mujer coreana, te ayuda a abrir los chakras?

Kim: Sí. Un sendero fácil no la ayuda.

Tercera Parte: Despertando al Significado de Nuestro Más Elevado Propósito

P: ¿Es por eso que también elegiste a esta familia y sus problemas?

Kim: Definitivamente.

P: ¿Estaba planeado?

Kim: Sí. Ellos son almas diferentes, un grupo diferente. Pero ella los eligió deliberadamente por ese propósito.

P: ¿Por qué Kim se siente tan sola en este nacimiento *(otra de las preguntas formuladas antes de la sesión)*?

Kim: Debido a sus recuerdos. Ella pertenece a un reino diferente.

P: ¿Cómo es que sufre de estos problemas físicos cuando nadie es capaz de diagnosticarles la causa?

Kim: Es un desequilibrio. Un desequilibrio entre la mente y el cuerpo.

P: ¿Qué fue lo que lo causó?

Kim: Pensar negativamente.

P: ¿Dónde comenzó eso? Porque cuando miramos a tu vida como esa sanadora iluminada, conectada con Dios, cuando incluso en la vida entre vidas continúas ligada a Dios, no parece haber ningún tipo de negatividad.

Kim: Su don es para ayudar a la gente. Pero le tiene miedo a la gente. Por eso sus dones se bloquean debido a ese miedo.

P: ¿Entonces eso es lo que está causando esos problemas?

Kim: Sí.

P: ¿Entonces no es una causa física sino espiritual?

Kim: ¡¡Sí!!

Capítulo 16: Reconectando Nuestro Propósito Divino

P: ¿Qué es lo que necesita hacer ahora para desbloquearlo?

Kim: Necesita deshacerse de ese miedo.

P: ¿Cómo puede lograr eso?

Kim: Necesita hacerse parte de la gente. Ella también es uno de ellos.

P: ¿Qué ocurre con su esposa y su relación con él *(de quien escribió cariñosamente en el formulario de aceptación)*?

Kim: Él la sana. La entiende. Ella siempre estuvo sola. Pero esta vez necesita aprender a convivir con alguien. Por eso esto fue planeado así.

P: ¿Qué hay de su esfuerzo por concebir un hijo? ¿Qué puede decirnos el Consejo de eso?

Kim: Dicen, si quieres aprender más puedes tener hijos, pero no es esencial. Por ahora necesitas ver a la gente como si fuesen tus hijos. Ellos también son tus hijos.

P: ¿Hay algún karma interponiéndose en su camino *(ésta también es otra pregunta formulada previamente)*?

Kim: (Ignorando la pregunta, el Consejo responde) Todos estamos conectados. Somos todos una familia. No pienses en tus propios hijos. Piensa en tu misión, para qué viniste a esta tierra. Contamos contigo.

P: ¿Cuál es entonces la misión para ésta vida?

Kim: Educar a la gente. Necesitan despertar espiritualmente. Necesitan cambiar. Detener toda la negatividad.

P: ¿Cuál es la especialidad de tu don? ¿Es la curación o la adivinación?

Kim: Sanación. La adivinación no es importante por ahora.

P: ¿La sanación física?

Kim: Sanación física y mental.

P: ¿La comida tiene algún lugar en esto *(otra de las preguntas previas a la sesión)*?

Kim: Sí. Tiene que comer más verduras. Eso es lo que ella estuvo haciendo en sus vidas pasadas. No hay que contar con las medicinas modernas, son tóxicas. Ella sabe que hay que hacer, lo sabe.

P: ¿Todavía puede comunicarse con la naturaleza como lo hacía antes?

Kim: Esta vez está bloqueada.

P: ¿No puede desbloquearse una vez más en esta ocasión?

Kim: Si puede desprenderse del miedo.

(Habla el Consejo) Ella es tan pura. Necesita protegerse. Nosotros siempre estamos presentes. Pero no podemos protegerla todo el tiempo. Ella necesita cooperar también. Evitar los medios tóxicos, negativos y violentos.

Necesita ser independiente. Necesita pararse en sus propios pies y erigir sus propias defensas.

P: ¿Entonces, si resumimos todo correctamente, por un lado ella necesita abrir su corazón para conectarse con la gente y amarlos, y por el otro lado tiene que construir defensas contra la negatividad como en la comida y otras sustancias?

Kim: Siempre el equilibrio, siempre el equilibrio.

P: Según parece ella tiene muchos sueños con los ancestros. ¿Qué pueden compartir respecto a eso *(otra pregunta previa a la sesión)*?

Capítulo 16: Reconectando Nuestro Propósito Divino

Kim: Eso es porque es una médium. Todavía puede comunicarse con ellos incluso en el presente.

P: ¿Puede trabajar como médium todavía en esta vida?

Kim: Esa no es su misión en esta vida. Puede usarlo para saber cosas de la gente, para saber quiénes son. En los sueños puede ser libre.

P: ¿Ahora que todavía estamos con el Consejo, podemos preguntarles qué cosa podemos haber olvidado tratar hoy y qué pueda ser de importancia para la vida de Kim *(Esta es una pregunta muy importante ya que da lugar a inspiraciones que el cliente tal vez incluso en un estado superconsciente no haya notado)*?

Kim: *(Habla el Consejo)* Todavía te estás escondiendo. Sigues huyendo de la gente una vez más. Debido a que sabes lo que están pensando, sabes lo que van a hacer, vez demasiadas cosas. ¡¡No – huyas – más!! Esta vez no te escapes. Fue por eso que te dimos una buena vida. Es mucho más fácil que tus vidas previas. Tienes un compañero. Ahora estás a salvo. ¡¡¡Y quieres escaparte otra vez!!! ¡Esta vez no! Si quieres seguir aprendiendo no debes huir.

P: Esta vez no hay excusa para tener miedo, ¿verdad?

Kim: Puedo sentir el gran amor que me tienen. Comprendo por qué.

P: ¿Te sientes equipada y lista para enfrentar ese desafío ahora?

Kim: Sí.

P: ¿Hay algo que necesites del Consejo para lograr esta misión?

Tercera Parte: Despertando al Significado de Nuestro Más Elevado Propósito

Kim: Ellos cuentan conmigo. Luego de esta vida voy a asumir más responsabilidades.

P: ¿Qué clase de responsabilidades?

Kim: Voy a guiar más almas. Voy a enseñarles, conducirlas.

P: ¿En la tierra o en el estado entre vidas?

Kim: Entre vidas.

P: ¿Entonces esta vida está dedicada a liberarte y abrirte a ti misma?

Kim: Última oportunidad, esta es la última oportunidad.

P: ¿Estás lista para eso?

Kim: Sí.

P: ¿Hay alguna cosa que quieras del Consejo que aún no hayamos tratado?

Kim: ¿Qué debo hacer de aquí en adelante?

(Habla el Consejo) Haz lo que quieras, pero trabaja con la gente. Puedes hacer cualquier cosa porque tienes muchas experiencias. Eres tan buena ayudando.

P: ¿Entonces no importa qué trabajo hagas siempre y cuando trabajes con la gente y te adhieras a la misión, abrir tu corazón?

Kim: Así es.

P: ¿Algo más que hayamos pasado por alto?

Kim: Ellos no son del tipo conversador.

P: El mundo del espíritu está abierto de par en par para ti. ¿Hay algún otro lugar donde te gustaría ir?

Kim: Me gustaría dar una vuelta simplemente.

Capítulo 16: Reconectando Nuestro Propósito Divino

P: Ok, adelante entonces, ve y dime donde piensas ir primero.

Kim: Me gustaría tener unos momentos a solas con ellos *(el Consejo)*.

P: Ok, por favor, ve y haz eso, luego avísame cuando estés lista *(hay un silencio muy prolongado; ella respira pesadamente durante ese tiempo)*.

Kim: Estoy recargándome.

P: ¿Eso está ocurriendo con el Consejo?

Kim: Sí, me están dando poder. Lo hice yo misma.

P: ¿La recarga? ¿Cómo lo hiciste?

Kim: Ellos me rodearon. Me mostraron una luz. La luz viene y pasa a través de mi cabeza y a través de mis pies. Lo hice yo misma.

P: ¿Cómo te sientes ahora?

Kim: Fantástico. Abierta.

P: ¿Qué ocurre ahora?

Kim: Estoy lista para volver…

Lentamente concluimos la sesión en este punto.

Luego de la sesión ella me escribió: "Gracias por ayudarme a recordar quien soy". El viaje extraordinario de Kim a través del tiempo y el espacio es un ejemplo bellísimo de cómo un alma llega a esta vida con un propósito superior, y de cómo ese propósito puede tomar muchas vidas para ser logrado. Al igual que Catherine, Kim había olvidado ese propósito y la verdadera naturaleza de su ser. Sus luchas físicas y mentales eran causadas por este olvido y por estar también desalineada con su verdadero propósito.

Es difícil describir por escrito la belleza y profundidad de estas almas cuando se abren a su verdadero Ser. Kim, para toda apariencia externa, parece una mujer coreana insegura y tímida, pero en el interior es una consumada sanadora de la antigüedad. Su viaje divino, habiendo vivido siempre con Dios y con la naturaleza, es un intento por conectarse con sus congéneres para ayudarlos en su sendero evolutivo.

Ella parece enviada por el Consejo de seres superiores para ayudarnos en nuestro camino, aun así, incluso este experimento lleva varias vidas para ser alcanzado, y con una vida entre vidas carente de éxito. Esta vida como Kim parece ser una vida transicional, con la finalidad particular de enseñarle cómo aprender a relacionarse con la gente común y sus problemas. Estando con Dios y siendo una hija de la naturaleza, es comprensible cómo a su alma pura le resulta difícil ajustarse a la naturaleza a veces violenta de nuestro mundo. Le fue dada una tarea difícil.

Me recuerda al caso de June, quien canalizaba la energía de Cristo, que también tuvo un período igualmente difícil en aceptar el tremendo sacrificio de su naturaleza superior mientras era enviado a la tierra para ayudar a otros.

La mayoría de nosotros simplemente tratamos de iluminarnos más, pero Kim ya había alcanzado un alto grado de consciencia divina en vidas previas. Para ella el desafío fue aprender a integrarla en nuestro denso ambiente terreno con la intención de ayudar a otros. El Consejo de seres superiores estaba claramente interesado en esta misión y urgieron a Kim que no lo abandonase y que organizase su papel. June tuvo una tarea similar en

Capítulo 16: Reconectando Nuestro Propósito Divino

capítulos anteriores.

Las cosas y la gente no son mayormente lo que ni quienes parecen ser. Detrás de cada alma hay un viaje infinito. Y detrás de todos nuestros problemas yace un plan maestro aún mayor.

Cuando Kim, se reconectó con el Consejo, esos grandes seres le recordaron que sus problemas sobre la tierra eran causados por algo mucho más diferente de lo que pensaba.

Es un recordatorio hermoso para todos nosotros que a menudo la causa de nuestros problemas es que estamos separados de nuestro propósito divino, que es más grande. Estamos intentando resolver los síntomas de ciertos problemas particulares sin verdaderamente comprender la verdadera razón de por qué las cosas pasan en nuestras vidas. Que más frecuentemente de lo que creemos, primero y por encima de todo, los problemas son un recordatorio para volvernos hacia adentro y descubrir por qué estamos en la tierra y qué es lo que necesitamos hacer.

Intentar resolver problemas sin comprender nuestra mayor causa no va a resultar efectivo. Kim tenía problemas de salud e intentó todos los métodos medicinales existentes, pero no tuvo éxito ni siquiera en diagnosticar las causas de lo que la afectaba. Durante la sesión aprendió que sus problemas de salud eran meramente síntomas de su desconexión espiritual con su verdadero Ser y con sus metas espirituales más elevadas.

No es posible enfatizar lo suficiente cuán importante es estar en sincronía con nuestro propósito más elevado. Porque una vez que lo estamos, podemos subordinar

Tercera Parte: Despertando al Significado de Nuestro Más Elevado Propósito

los asuntos menores a la meta principal. De ese modo tenemos un marco de referencia. Es difícil realizar cualquier decisión significativa en la vida si no sabemos cuál es nuestro verdadero propósito. Las metas menores, como alcanzar seguridad, encontrar nuestro compañero o compañera en la vida, tener un trabajo significativo, tienden a volverse nuestro foco principal de atención. Dedicamos una cantidad desproporcionada de tiempo y recursos a metas inferiores, para finalmente sentirnos desorientados y desequilibrados. Una vez que perdemos el balance tratamos de corregir los problemas que tienen que ver con las metas inferiores, sin estar conscientes de que la verdadera causa es una falta de consciencia del verdadero propósito de nuestra alma. En primer lugar, si nos hubiésemos enfocado más en establecer un equilibrio interior alineando nuestras metas a la meta de nuestra alma, no habríamos tenido muchos de los problemas que estamos intentando solucionar. Pero incluso si tuviésemos problemas, tendríamos una perspectiva saludable y seríamos capaces de subordinarlos ante las cosas más importantes.

Reconectándose con su verdadera identidad y propósito, Kim es capaz de comprender quién es y qué necesita hacer. Ahora sabe que su familia existe para ayudarla a conectarse con otros y enseñarle simpatía. Además también comprende que sus problemas de salud eran causados por un desequilibrio y que reestableciendo su balance interior su salud mejorará. Recordando su vida pasada ella ganó más conocimiento de por qué tiene la tendencia de alejarse de la gente y que en lugar de entregarse a esta tendencia es de importancia crítica que se expanda y abra su corazón. Hasta le fue dado una

Capítulo 16: Reconectando Nuestro Propósito Divino

vislumbre de la vida que ocurrirá luego de la de Kim y de su propósito divino en general como sanadora y guía de almas.

Es muy difícil conocer nuestro propósito si jamás sentimos la divinidad de nuestra propia alma. Si todo lo que conocemos de nosotros es al parecer lo que estamos mirando en el espejo, estamos mirando desde afuera hacia adentro en lugar de hacerlo desde adentro hacia el exterior. Yendo más allá de todas las condiciones externas de sus personalidades aparentes, las tres mujeres de éste y del último capítulo, volvieron a despertar a quiénes son en realidad. Volvieron a sentir una vez más que la personalidad que parecen ser, y el papel que ejecutan aquí en la tierra, no son más que otras de las muchas máscaras que usan, pero que más allá de dichas máscaras ellas son instrumentos de la fuente de energía divina.

Si podemos ver más allá del mundo en que vivimos, incluso por un momento, para conectarnos con algo trascendental, nuestras vidas pueden cambiar instantáneamente. Porque habremos aprendido y comprendido por nuestra propia experiencia personal que hay algo más, algo más elevado. Esta realización de por sí puede ser transformativa y liberarnos de nuestras luchas diarias que han ocupado nuestro espacio mental enteramente. Sí yo sé que mi verdadera identidad es inmortal y que mi verdadero hogar es trascendental, sabré que existe un camino para superar mis problemas y mis aparentes limitaciones. Y que tengo el potencial para ser realmente libre de una vez por todas. A esta altura ya no se trata más de una mera creencia, fe o ni siquiera esperanza, es un conocimiento interior real.

Conclusión

Capítulo 17
Escalando la Montaña

Muchos de los casos extraordinarios descritos en este libro son de clientes que habían hecho mucho trabajo interior antes de que llegasen a verme. Es un error pensar que estas personas son especiales o privilegiadas. Llegaron mejor preparadas con sistemas nerviosos y mentes calmas, lo que nos ayuda a acceder a los recovecos de su ser más fácilmente. Además, ellos habían trabajado en la limpieza de los bloqueos y los escombros del subconsciente.

Estos bloqueos se manifiestan a tres niveles: el cuerpo, la mente (incluyendo el subconsciente) y las olas kármicas que chocan constantemente contra las orillas de nuestra mente consciente. Me gustaría abordar cada uno de estos tres aspectos, comenzando con el cuerpo. La extirpación de estos bloqueos no sólo nos ayuda a establecer una conexión mejor con nuestra naturaleza superior, sino que también ayuda en la preparación para la sesión de la vida entre vidas.

La mayoría de nosotros estamos ocupados y dirigiendo una gran parte de nuestra energía y atención al exterior, tratando de navegar a través de cuanto ocurre en nuestras vidas. Si nos pusieran sensores para medir nuestra actividad cerebral durante estos períodos ocupados, muy probablemente encontrarían nuestras mentes en un estado Beta. El estado Beta es lo que llamamos conciencia cognitiva. Es como conducir durante la noche por una camino rural estrecho en una total oscuridad. Está tan oscuro que ni siquiera podemos vernos a nosotros mismos sentados en el auto. Se requiere nuestra completa e indivisible atención para permanecer en el camino. Nuestra consciencia interior está enteramente subordinada a nuestra consciencia exterior. Estamos tan enfocados en el camino y en permanecer vivos que apenas estamos conscientes de nosotros mismos.

Para poder calmar nuestra mente y girar los focos luminosos del camino hacia la consciencia interior se requieren ciertas cosas. Lo que uno experimenta durante una sesión de vida entre vidas es una redirección de la atención desde lo exterior a lo interior. Apuntamos a que el cliente esté híper-consciente de su propio Ser interior y reducirle grandemente, pero sin desactivarla, la consciencia exterior.

No desconectamos completamente la consciencia externa del cliente porque este aspecto protector de la mente es

Conclusión

necesario para mantenerlo a salvo en todo momento. Si suena una alarma o si necesitamos ir al baño, este aspecto de la mente nos advierte. Este protector es lo que mantiene las cosas honradas. Lo que significa que no hay ningún momento durante la sesión en el cual el cliente perderá la posesión de su propio estado de ser.

Este es un aspecto de la regresión hipnótica que a menudo es mal comprendido. Lo que intentamos lograr es una híper-consciencia; totalmente lo opuesto de perder la consciencia. Muy diferente a lo que ocurre durante una cirugía, cuando se nos administra un anestésico y uno se torna inconsciente. Durante una sesión de regresión el cliente gana tremenda consciencia interior, pero no a costa de la consciencia externa. Todo lo exterior es simplemente relajado y colocado en un plano secundario. Si llegase a ser necesario, puede hacerse presente en un instante para intervenir.

Este giro desde el foco exterior hacia la conciencia interna es un proceso que funciona de manera diferente para cada persona. Yo creo firmemente que todos somos capaces de hacer esto. Somos un alma con el cuerpo y la mente envueltas a su alrededor. Así que asumir que no somos capaces de entrar en contacto con nuestro propio Ser implicaría que algunas personas tienen alma y otras no. Si bien en algunos puede resultar difícil de ver, el alma existe, aunque en ocasiones se encuentra profundamente enterrada y por ende no tan evidente.

Si alguien debe esforzarse para dirigirse al interior durante una regresión a vidas pasadas y otros no, la razón es porque no todos estamos igualmente preparados. Este capítulo nos ayuda a comprender y a volvernos

Capítulo 17: Escalando la Montaña

conscientes de lo que necesitamos para abrirnos a esta percepción interna.

Cuando mi esposa Jenna, una dotada sanadora energética y terapeuta de yoga y masaje, y yo conducimos un taller de regresión a vidas pasadas, lentamente guiamos al grupo a través de ciertos ejercicios cuidadosamente planeados. Estos ejercicios y prácticas están diseñados para ayudar al grupo a prepararse para lo que viene: la regresión a vidas pasadas.

Una preparación similar es también necesaria para poder obtener el máximo beneficio de una sesión de vida entre vidas. Si bien he tenido muchas grandes sesiones de vida entre vidas con gente que tenía poca o ninguna preparación, he notado, con el correr de los años, que se obtienen mayores resultados con aquellos que llegan preparados.

El cuerpo es un hermoso instrumento que alberga nuestra mente y nuestro sistema nervioso. Nuestro Ser superior está más allá de este cuerpo. No obstante, para acceder a este Ser más elevado, necesitamos trabajar a través del cuerpo y con la mente. Resulta lógico por lo tanto que este cuerpo y la mente necesiten ser conductos adecuados.

Colectivamente estamos conscientes del significado de la salud y el bienestar físicos. Pero cuando hablamos de preparar al cuerpo como un canal para la consciencia divina, entonces se necesita más que meramente buena salud. Nuestro sistema nervioso necesita calmarse. Lo que comemos y bebemos tiene un gran efecto en nuestro sistema nervioso. Comer alimentos muy condimentados y picantes estimula al sistema nervioso y lo torna inquieto. Comer alimentos pesados y grasosos hace que el sistema nervioso sea más denso y letárgico. Generalmente pensamos en la comida en términos de la salud física, pero parecemos menos conscientes de las propiedades innatas de la comida en lo que respecta al efecto que tiene sobre el sistema nervioso y la mente. Cuando tratamos de acceder a una frecuencia más elevada, estas propiedades sutiles del alimento se tornan una parte integral de nuestra preparación.

Si comiésemos alas de pollo frito súper-picantes en la noche anterior a una sesión, lo más probable es que a la mañana siguiente estaríamos inquietos ya que nuestro estómago y el sistema nervioso estarían más excitados de lo que necesitamos. Lo mismo se aplica a estimulantes como el café o la cafeína.

Es imperativo tener un sistema nervioso sensible si deseamos desarrollar una comunión finamente sintonizada con la consciencia superior. Es como el refinamiento del petróleo crudo. El petróleo crudo, sin refinar, es bueno para lubricar máquinas. Cuando lo refinamos obtenemos combustible para nuestro auto. Si lo refinamos aún más obtenemos combustible para autos de carrera. Un refinamiento todavía mayor da origen al combustible para cohetes. Nuestro sistema nervioso puede transportar corrientes de consciencia más elevadas y más poderosas cuando está lo suficientemente refinado.

En cierto momento de nuestra vida espiritual nos volvemos más conscientes de la necesidad de crear un estilo de vida diferente. A medida que este refinamiento ocurre nos volvemos más conscientes de las reacciones que ciertas comidas y bebidas tienen sobre nuestro estado mental en general. Al principio esta consciencia puede ser simplemente física, pero a medida que nos desarrollamos nos ponemos tan en sintonía que reaccionamos mentalmente a lo que ingerimos. Es una espada de doble filo. Por un lado nos sintonizamos con mayor precisión y fineza, por el otro lado, también nos tornamos mucho más sensibles.

Es difícil ser más específico respecto a qué dieta es adecuada y cuál no lo es, porque éste es un asunto muy personal. Es algo con lo que debemos experimentar a lo largo del camino a medida que aprendemos a escuchar a nuestro cuerpo y nuestra mente, y hacer los ajustes necesarios. Lo que funciona mejor para una persona, esa es su mejor dieta. Lo importante es que aprendamos a preguntarnos a nosotros mismos: ¿me ayuda esto a sentirme y funcionar mejor? Las prioridades de un atleta olímpico serán diferentes que las de un yogui que anhela la consciencia cósmica, por ende las dietas se ajustan de acuerdo a la necesidad.

El segundo aspecto importante que necesita nuestra atención es la mente. La alimentación y la dieta afectan la mente, pero lo que 'consumimos' o ingerimos en términos de información también nos afecta. La vida en nuestro mundo moderno es muy diferente a la vida de doscientos años atrás. Día y noche estamos siendo bombardeados por un ataque de impulsos externos que están en constante aumento. Sería incrédulo pensar que esto no tiene efecto en nuestra mente y el sistema nervioso. Nos afecta en dos niveles: por un lado, y muy directamente, estimula nuestra mente y la mantiene en perpetuo movimiento, las ondas de información constantemente abruman la calma del amparo interior de nuestro ser, y en un nivel más profundo, estos impulsos de información comienzan a modelar nuestro sistema de creencias y nuestra forma de ver al mundo, hasta el punto de determinar lo que comemos, necesitamos, anhelamos y planeamos obtener. Todo esto crea artificialmente ciertas necesidades, que son ondas de deseo incesantes, que luego comenzamos a trabajar para satisfacerlas. Es un ciclo sin fin. Los deseos se crean artificialmente en nuestra mente y nosotros estamos en constante movimiento para consumarlos.

Alguien que vivió doscientos años atrás no se esforzó por comprar un auto lujoso porque no había autos. Muy probablemente quería una casa y tener suficiente comida para sobrevivir y sentirse a salvo. Posiblemente tenía menos deseos y experimentaba mayor paz interior (siempre y cuando sus necesidades básicas estaban cubiertas). Una vez que nuestras necesidades básicas son satisfechas, agregar más bienes materiales a nuestra vida no aumentará nuestra felicidad. Para estar satisfechos necesitamos diferentes cosas. La jerarquía de necesidades de Maslow ilustra esta idea muy bellamente. Las necesidades básicas son los dos niveles inferiores de la pirámide.

Capítulo 17: Escalando la Montaña

A medida que escalamos la jerarquía de las necesidades, habiendo cubierto las necesidades básicas, y comenzamos a sentir la necesidad de paz interior, se hace críticamente importante tener una comprensión de nuestra mente y de cómo interactúa con el mundo que nos rodea. Tratar de alcanzar la paz sin investigar nuestra dieta y nuestra ingesta mediática (la nutrición mental) es como intentar remar un bote con el ancla todavía aferrada al fondo. Podemos remar todo lo que queramos, pero nuestro deseo de conexión espiritual será sólo eso, un deseo.

Un cambio fundamental de paradigma es necesario.

Tenemos el poder de desconectarnos de este condicionamiento mediático. Cuando yo comprendí que era un alma viajando de vida en vida, comencé a mirar a la vida en forma diferente. Pensé: "¿Por qué seguir ciegamente lo que otros están haciendo? La mayoría de la gente parece completamente condicionada por los medios informáticos y sus entornos, y jamás investigan si estas corrientes poderosas van a llevarlos realmente a un estado de ser feliz. Simplemente asumen que algún día va a ocurrir". Comencé a pensar en términos de libertad. Haciéndome preguntas como: "¿Qué es lo que realmente me hará libre? ¿Qué me mantiene atado vida tras vida?

Intentar conectarnos espiritualmente, por lo tanto, tiene todo que ver con la forma en la que nuestra mente actúa y reacciona con el mundo exterior. Cuando continuamos siendo considerablemente condicionados por las formas y maneras del mundo, una gran parte de nuestros recursos internos son naturalmente dedicados a la satisfacción de los deseos mundanos. No quedará mucho tiempo ni energía para dedicarle al crecimiento interior.

Conclusión

Nuestra mente desplegará además interminables olas de intranquilidad. Esas olas son lo que se interpone en el camino de nuestra conexión espiritual.

Si uno está totalmente falto de preparación tendrá que trabajar en dos niveles de olas. Las olas agitadas de nuestra mente consciente son relativamente fáciles de calmar. Pero la acumulación de residuos subconscientes es lo que hace las cosas más difíciles. Esto es la capa más profunda y, si no estamos preparados, la más gruesa. Algunas de las narraciones de la gente que aparecen en este libro pertenecen a aquellos que han investigado la vida a un nivel más profundo. Ellos se habían tornado conscientes de sus tendencias subconscientes y se liberaron mayormente de las influencias externas de su pasado.

Los samskaras (palabra sánscrita que se refiere a los residuos subconscientes) son tendencias latentes o impresiones que perduran en la mente subconsciente. La densidad de estas impresiones es lo que determina la claridad de nuestra conexión con la realidad superconsciente. Cuanto más densa estas impresiones mayor será la dificultad para conectarse. Cuanto más clara esté la mente subconsciente, más fácil resultará conectarse.

Anteriormente habíamos definido tres obstrucciones para lograr una conexión superconsciente. La segunda y tercera obstrucción están íntimamente conectadas. Las olas de nuestra mente (el segundo bloqueo) están íntimamente conectadas con nuestro karma (el tercer bloqueo).

Las capas subconscientes profundamente arraigadas no sólo son el resultado del karma, sino que son también aquello que perpetúa al karma. El karma origina eventos en nuestras vidas y nuestras mentes, ante los cuales reaccionamos, creando nuevos karmas. Toda acción tiene una reacción igual y opuesta. Vivir sin consciencia es actuar y reaccionar a los impulsos de nuestro propio karma, el cual ha determinado el mundo en el que vivimos. Es responsable por nuestros padres, nuestro ambiente y nuestro cuerpo.

No necesitamos sujetarnos pasivamente a estas fuerzas karmicas. Si naciésemos por azar, si fuésemos meramente el resultado de nuestros padres, el medio ambiente y el condicionamiento genético, entonces no tendríamos elección alguna en el asunto. Pero es el karma que elige esos padres, ese cuerpo y ese medio ambiente para ayudarnos a elevarnos más allá de todos ellos. Cuanto más conscientes nos volvemos, más participaremos en la elección de las circunstancias de nuestro próximo nacimiento.

Pero cuando comprendemos que estas circunstancias son meramente una ropa que vestimos, un rol que asumimos, entonces tenemos el poder de desvestirnos o salir del escenario. Esto sólo es posible cuando nos vemos como un alma, separados del cuerpo y de la mente. Nosotros habitamos el cuerpo y la mente, no somos el cuerpo ni la mente.

Para elevarnos por encima de las fuerzas kármicas que parecen gobernar cada aspecto de nuestras vidas, se requieren ciertas técnicas especiales que a mí me gusta llamar técnicas de yoga. La premisa básica es que cuando nos consideramos un alma inmaterial, podemos ver las capas de los residuos subconscientes como frecuencias

Conclusión

inferiores a la frecuencia de nuestra alma. Estas frecuencias envuelven nuestra alma como una vaina. Cuando dejamos el cuerpo, estas envolturas de frecuencias nos acompañan. Mientras no seamos una conciencia iluminada, estas vainas continúan envueltas alrededor del alma incluso en el estado de vida entre vidas y nos regresan con nosotros cuando reencarnamos. La mejor forma de cambiar una frecuencia es con otra frecuencia. Los mantras son técnicas muy efectivas para cambiar las frecuencias de residuos subconscientes. Piensen en el caso de una cantante de ópera rompiendo un vaso de vino meramente por el poder del tono elevado de su voz. Las ondas sonoras destruyen la estructura molecular del vidrio.

Los mantras pueden romper la densidad de nuestras impresiones subconscientes acumuladas. Bombardeando conscientemente a la mente subconsciente con las ondas sonoras de los mantras podemos limpiar la mente.

Una vez que limpiamos la mente comenzamos a manifestar frecuencias superconscientes que son emitidas por nuestra propia alma. Cuanto más finas sean las capas, mayor será el poder del alma que podremos manifestar.

Todo lo que se requiere es una comprensión básica de este concepto y luego ponerlo realmente en práctica. Sólo sabremos el poder de estas técnicas por medio de la experiencia práctica. Antes de juzgar hay que probar, como afirma el dicho.

Junto con estos mantras, los ejercicios respiratorios son muy efectivos. Como ya discutimos en un capítulo anterior, la respiración y la mente están entrelazadas.

Capítulo 17: Escalando la Montaña

Cuando la respiración se enlentece, lo mismo le ocurre a las ondas mentales. Un método tradicional de yoga es primero realizar ciertos estiramientos suaves (cuerpo), luego hacer ejercicios respiratorios (mente) y finalmente practicar meditación (mente y karma). Este triple método es muy efectivo para calmar nuestros nervios, aclarar la mente y romper el karma. El resultado es un estado mental más tranquilo, permitiéndonos conectar más fácilmente con la consciencia divina escondida en nuestro corazón y en el universo.

Todos operamos de distintas maneras y tenemos preferencias diferentes con respecto a la meditación y a conectarnos a la Fuente de energía. De ninguna manera estoy sugiriendo que el método arriba mencionado es el único o el mejor. Pero si uno está buscando hacerlo y no está seguro cómo lograrlo, esa es una de las formas de conectarnos con la Fuente de energía.

"La práctica espiritual no es simplemente sentarse a meditar. La práctica consiste en mirar, pensar, tocar, beber, comer y hablar. Cada acto, cada respiración y cada paso puede ser una práctica, y puede ayudarnos a transformarnos más en nosotros mismos". Thich Nhat Hahn.

Diariamente estoy conociendo almas hermosas que desarrollaron su propio método de meditación y que a lo largo de varias vidas encontraron formas únicas y bellas de conectarse con lo divino. Lo que importa es que comprendamos que no necesitamos quedarnos quietos y dejar que las fuerzas del karma den forma a nuestras vidas. Hay cosas que podemos hacer si deseamos tener resultados más rápidos para establecer una mejor

Conclusión

comunicación con lo divino. Podemos y necesitamos hacer algo al respecto.

Tan importante como la preparación para una sesión de vida entre vidas es la forma en la que mantenemos nuestra conexión con la consciencia divina después de la sesión. Una y otra vez oímos a los seres divinos o sabios del Consejo aconsejarle al cliente que medite. Medita, medita, medita. La belleza y el poder de una sesión de vida entre vidas yace en el poder que tiene para establecer comunicación con un aspecto superior de nuestro propio Ser, que es también una conexión con la Fuente Divina. Para que esta consciencia continúe guiándonos luego de la sesión, se necesita cierto mantenimiento divino.

Una buena forma de mantener esta conexión es haciendo todo lo que mencionamos en este capítulo respecto a la preparación. Continuar practicando las mismas técnicas usadas en la preparación. Siempre y cuando tengamos nuestra propia rutina divina estaremos conectados, porque eso significa que estamos conscientes de qué es lo que importa. Nuestro verdadero norte es claro y evidente, y es poco probable que nos desviemos olvidándonos de nuestro verdadero propósito en la tierra.

Vivir en una niebla semi consciente es lo que debemos evitar. No debemos simplemente pasar el tiempo vegetando sin hacer ningún progreso real en dirección al logro de nuestra liberación eterna.

Cuando nos olvidamos estamos meramente sobreviviendo. Trabajamos para mantener al cuerpo y entretener la mente. Olvidados de que la única razón por la cual ingresamos en, y estamos usando este cuerpo y

Capítulo 17: Escalando la Montaña

esta mente es para trabajar en pos de nuestra iluminación. Este olvido nos conducirá a tener que nacer una y otra vez, tratando de sobrevivir en cada ocasión, perpetuando el ciclo. La rueda del Dharma de los budistas se refiere a este ciclo interminable de nacimiento y muerte. Vivir conscientemente significa que no nos hemos olvidado. Y cada acción que ejecutamos nos conduce de una u otra forma más y más cerca de nuestra libertad.

Cada pequeña libertad que conseguimos se traduce directamente en un estado mental de felicidad. Cuanto más finas se vuelvan las capas de residuos subconscientes, más poderosamente brillará el infinito poder de nuestro ser superior y más podremos experimentar esta luz brillando dentro nuestro. Somos la luz. Lo más práctico que posiblemente podamos hacer por nosotros mismos es manifestar esa luz. El Reino de Dios está verdaderamente en el interior.

Una idea religiosa tradicional es que, cuando vivimos una buena vida, nos calificamos para una vida celestial en el más allá. Pero la más poderosa realización que resulta de ver a la gente en estos estados divinos de consciencia durante las sesiones de vida entre vidas no es meramente que existe una vida después de la muerte, sino que somos un alma eterna que es siempre libre.

Lo que aprendemos de las experiencias de la gente en elevados estados de consciencia es que el cielo no es un lugar. No es ni siquiera un estado alcanzable después de la muerte, sino un estado de ser, una frecuencia a la que estamos conectados permanentemente.

El cielo es estar libre de la ilusión de que somos este

Conclusión

cuerpo, y de que este mundo que vemos es el único mundo real. Aquí y ahora mismo, cuando entramos en un estado de consciencia elevado podemos experimentar una realidad completamente diferente. Algo que no tiene nada que ver con estar vivo o muerto, aquí en este mundo o en el estado entre vidas. Esta experiencia puede tenerse aquí y ahora.

La meta no es meramente liberarnos una vez que dejamos esta tierra, sino ser libres independientemente de la dimensión en la que estemos. La felicidad y la libertad son estados de conciencia y pueden sentirse en cada momento del día.

Las experiencias de los clientes en los estados de vida entre vidas son meramente un recordatorio de cómo se siente esa consciencia una vez que nos separamos del cuerpo y del mundo en que este cuerpo existe. La errónea concepción consiste en creer que primero necesitamos dejar el cuerpo para experimentarlo. Eso no es cierto. Es cierto que el cuerpo y su frecuencia densa hacen que sea mucho más difícil experimentar semejante estado superconsciente. Pero no tenemos que esperar a morir primero.

Hacemos yoga, meditamos, vamos a la iglesia o entramos a la mezquita para poder estar más cerca de la felicidad divina. Cuando le agregamos a eso ciertas prácticas, junto con la correcta comprensión de la realidad, podemos cargar considerablemente más nuestro estado de consciencia actual, desarrollando un estado de felicidad permanente. ¿Por qué no sentir la consciencia de Cristo, Buda o Krishna ahora mismo?

Capítulo 17: Escalando la Montaña

Cualquiera sea la práctica que uno realice, cualquiera sea la tradición de donde uno proviene, todos son senderos diferentes que conducen a la misma montaña, sobre las nubes, más allá de toda descripción e igual para todos. Los caminos pueden diferir, pero conducen a la misma meta.

Mientras estemos caminando por nuestro camino particular de la montaña, todavía estamos llevando las máscaras de nuestro origen y nuestro condicionamiento. Es nuestra diversidad. Pero a medida que ascendemos a la montaña comenzamos a desprendernos de nuestras máscaras una tras otra para comprender que otros, que vienen de distintas direcciones, están también ascendiendo por la misma montaña. Y que una vez que nos encontremos en la cima, luego de haber perdido todas las máscaras, nos abrazaremos unos a otros en unión, exuberantes de compartir la increíble vista de este lugar elevado por encima del mundo.

La tarea a realizar no consiste en preocuparse u ocuparse por los demás o el sendero que elijan. Nuestra tarea es descubrir la mejor forma de ascender con las herramientas que tenemos y los obstáculos que enfrentamos. Muchos quedan atrapados en la jungla debajo del pie de la montaña y ni siquiera pueden ver que existe una montaña debido a la frondosidad del follaje. Los iluminados descienden de la montaña para contarnos de la vista que existe más allá y ayudarnos en nuestro camino. A medida que ascendemos lentamente, también podemos amar y guiar a otros a lo largo del sendero, de modo que juntos el viaje se torne más fácil y más alegre para todos.

La dicha está aquí y ahora.

Acerca del Autor

Acerca del Autor

Pieter Elsen nació en Holanda, vivió en cinco países diferentes y en tres continentes distintos. Nacido y educado en los Países Bajos, Pieter estudió cinco años en la renombrada Academia de Diseño en Eindhoven, especializándose en Diseño Industrial. Si bien se graduó con honores, Pieter sintió que había más en la vida y comenzó un viaje de autodescubrimiento de veinte años que lo llevó a Francia, India, Inglaterra y finalmente a los Estados Unidos.

Pieter fue monje védico durante veintiún años, de los cuales once los pasó en India. Mientras estuvo allí estudió extensivamente las profundas filosofías espirituales del Oriente. Esta experiencia y conocimiento le sirven como terapeuta, entrenador y consejero de vida, donde integra las escuelas de pensamiento orientales y occidentales.

Luego de llegar a los Estados Unidos canalizó su experiencia como dotado orador motivacional y su preparación en las filosofías y en la diversidad cultural, en el campo de la Hipnoterapia Clínica. En el año 2014 Pieter obtuvo su Doctorado en Ciencia Humanística Metafísica con especialidades en Consejo Transpersonal y Espiritual.

Entrenado y acreditado por el Instituto Newton de Hipnoterapia para la Vida Entre Vidas, Pieter se especializa en regresiones espirituales a 'vidas pasadas' y a la 'vida entre vidas', donde ayuda al cliente a redescubrir su verdadero Ser inmortal. Conduce sesiones de vida entre vidas en todo el territorio de USA y en el exterior. Para contactar a Pieter para una sesión privada de vidas pasadas o vida entre vidas, talleres, charlas públicas, o para comprar sus libros, por favor visite:

www.elsenhypnotherapy.com
www.whensoulsawaken.com

o por correo electrónico:

elsenhypnotherapy@gmail.com

www.ingramcontent.com/pod-product-compliance
Lightning Source LLC
Chambersburg PA
CBHW071218080526
44587CB00013BA/1417